शिमला तो शिमला है

The Incredible Shimla

श्याम लाल शर्मा

INDIA · SINGAPORE · MALAYSIA

Copyright © Shyam Lal Sharma 2023
All Rights Reserved.

ISBN 979-8-88975-595-1

This book has been published with all efforts taken to make the material error-free after the consent of the author. However, the author and the publisher do not assume and hereby disclaim any liability to any party for any loss, damage, or disruption caused by errors or omissions, whether such errors or omissions result from negligence, accident, or any other cause.

While every effort has been made to avoid any mistake or omission, this publication is being sold on the condition and understanding that neither the author nor the publishers or printers would be liable in any manner to any person by reason of any mistake or omission in this publication or for any action taken or omitted to be taken or advice rendered or accepted on the basis of this work. For any defect in printing or binding the publishers will be liable only to replace the defective copy by another copy of this work then available.

जिनके मन करुणा बसे, जड़-चेतन से प्यार।
उन्हें समर्पित स्वर्ग-सा, शिमला का संसार॥

अनुक्रम

अनुक्रम

दो शब्द

हिमाचल प्रदेश विधानसभा से संयुक्त सचिव के पद से सेवानिवृत्त हुए श्याम लाल शर्मा ने जब अपने नये काव्य-संग्रह *शिमला तो शिमला है* के लिए 'दो शब्द' लिखने को कहा तो एकदम ही मेरे मुख से 'हां' निकल गई।

घुमारवीं-बिलासपुर (हि०प्र०) के करंगुई गांव से सम्बंध रखने वाले श्याम लाल शर्मा एक सभ्य, सुशील और सुशिक्षित व्यक्ति हैं। कभी विधानसभा तो कभी साहित्यक सम्मेलनों में मेरी उनसे कई मुलाकातें होती रहीं जो अब भी जारी हैं।

हिंदी, इंग्लिश भाषाओं व पत्रकारिता में स्नातकोत्तर श्याम लाल शर्मा ने अपनी आजीविका हिमाचल प्रदेश विधानसभा में रिपोर्टिंग अधिकारी के पद से आरम्भ की और अपनी कार्य-कुशलता व परिश्रम के बलबूते संयुक्त सचिव के पद पर पहुंच गए जहां से वे जून 2021 में सेवानिवृत्त हुए।

एक कर्तव्यनिष्ठ अधिकारी होने के साथ श्याम लाल शर्मा साहित्य व संस्कृति को भी समर्पित हैं। कविता, कहानी, दोहे इत्यादि साहित्य की कई विधाओं पर अब तक उनकी छ: पुस्तकें प्रकाशित हैं। वे एक उर्वर लेखक हैं और चलते-फिरते ही सामयिक विषयों पर सारगर्भित दोहे रच डालते हैं। *भक्ति अंकुर सतसई, परमार्थ सतसई, आत्मानुभूति सतसई* आदि इनकी चर्चित दोहावलियां हैं। इसके अतिरिक्त इनका

संवेदनाएं शीर्षक से कहानी संग्रह और *भाव-तरंगिणी* शीर्षक से काव्य संग्रह छपा है। वे निरंतर साहित्य साधना में रत हैं।

इनका नवीनतम काव्य-संग्रह *शिमला तो शिमला है*, पहाड़ों की रानी शिमला की प्राकृतिक सुंदरता पर केंद्रित है। सात पहाड़ियों पर बसी शिमला नगरी हिमाचल प्रदेश की राजधानी है और ब्रिटिशकालीन भारत में अँग्रेजों की ग्रीष्मकालीन राजधानी रही है। चारों ओर से हरे-भरे वनों और हिमाच्छादित चोटियों से घिरा शिमला न केवल अपने नैसर्गिक सौंदर्य के लिए जाना जाता है बल्कि अपनी औपनिवेशिक विरासत के लिए भी। फरवरी-मार्च में रोडो के फूलों से मानो यहां के जंगल खिल उठते हैं। गर्मियों के दिनों में ठंडी हवा खाने और सर्दियों में हिमपात का नजारा पाने पर्यटक देश-विदेश से यहां दौड़े चले आते हैं। शिमला के माल रोड और रिज सैलानियों से भरे रहते हैं। सैलानियों संग बंदर, लंगूर आदि भी यहां स्वच्छंदता से विचरण करते रहते हैं।

वैसे तो प्रकृति ने स्वयं शिमला पर काव्य लिख डाला है परन्तु श्याम लाल शर्मा ने भी शिमला के अद्भुत सौंदर्य व यहां की प्राकृतिक छटा को अपनी कविताओं में बांधने का प्रयास किया है। इन्होंने शिमला को कभी अप्सरा तो कभी परी की संज्ञा दी है। बर्फ़ से लदे पेड़-पौधों को सफेद हंसिनी के दिव्य पंख करार दिया है। माल हो या माल का चर्चित स्कैंडल प्वाइंट, रिज स्थित चर्च हो या जाखू मंदिर, यहां के काफी हाउस हों या होटल, बान वृक्ष हों या देवदार, फूलों की महक हो या पत्तों की सरसराहट, बंदर-लंगूरों का उछलना-कूदना हो या उनकी छीना-झपटी, शहर में नव-निर्माण हो या अंग्रेजी शासनकाल की विरासत, सबका सुंदर यशोगान

श्याम लाल शर्मा की कविताओं में मिलता है। शिमला का कोई ही पहलू होगा जो इनकी कविताओं से छूटा हो।

श्याम लाल शर्मा की कविताओं की भाषा सरल और सुबोध है। वे भारी भरकम शब्दों से परहेज करते हुए दिखते हैं। किसी भी कविता के मुख्य दो पक्ष होते हैं - भाव पक्ष और कला पक्ष। कवि के मन की गंभीर अनुभूति ही कविता का रूप धारण कर लेती है। भाषा, शिल्प, छंद आदि कविता के महत्वपूर्ण तत्व हैं। श्याम लाल शर्मा की कविताओं में काव्य के सभी पक्ष बखूबी उभरे हैं। कवि के पास बहुत कुछ कहने को है; कहने का अन्दाज भी अपना है। इनकी कविता साधारण होने पर भी असाधारण बात कह जाती है। क्योंकि सारी कविताएं पहाड़ों की रानी शिमला के दिव्य आकर्षण एवं प्राकृतिक सौंदर्य पर केंद्रित हैं इसलिए काव्य-संग्रह का नाम *शिमला तो शिमला है* न्यायोचित प्रतीत होता है।

श्याम लाल शर्मा को इस श्रम साध्य प्रयास के लिए साधुवाद और शुभकामनाएं।

के०आर० भारती
आई०ए०एस० (सेवानिवृत्त)
पूर्व निदेशक-भाषा एवं संस्कृति विभाग, हि० प्र०

आमुख

शिमला तो शिमला है काव्य संग्रह हिमाचल प्रदेश की राजधानी व उत्तर भारत के सर्वश्रेष्ठ पहाड़ी पर्यटन स्थल 'पहाड़ों की रानी' कही जाने वाली नगरी शिमला के अद्भुत सौंदर्य का काव्यात्मक वर्णन है।

शिमला एक ऐसी अनूठी पहाड़ी नगरी है जो अपने आंचल में प्रकृति का अद्भुत संसार समेटे हुए है। प्राकृतिक रूप से सुसज्जित इस नगरी को आधुनिक जामा पहनाने के लिए मानव ने भी कोई कोर-कसर शेष नहीं रखी है और इसके निर्माण में वैज्ञानिक एवं तकनीकी सोच का भरपूर उपयोग किया है।

अंग्रेजों द्वारा स्थापित शिमला शहर अपने आकर्षण के लिए दुनिया भर में विख्यात है। तत्कालीन ब्रिटिश शासन ने इसे अपनी ग्रीष्मकालीन राजधानी बनाया था। जानकार कहते हैं कि इस स्थान की सुखद जलवायु, मनमोहक परिदृश्य, मज़बूत मिट्टी, खूबसूरत देवदारों और सर्दियों में भारी बर्फ़बारी की सौगात के कारण ही ब्रिटिश शासन ने इस स्थान पर अपनी ग्रीष्मकालीन राजधानी स्थापित की थी। शिमला का नाम यहां की अधिष्ठात्री देवी श्यामला के नाम पर पड़ा है। ऐसा मानना है कि इसी देवी की दिव्य मनमोहक मूर्ति आज भी इस शहर के प्रसिद्ध कालीबाड़ी मंदिर में विराजमान है।

अपने अनूठे प्राकृतिक सौंदर्य एवं स्वास्थ्यकर वातावरण के कारण शिमला पर्यटकों के लिए विशेष आकर्षण का केंद्र है। सैलानियों की ही भांति यहां के निवासी भी लगातार इसकी सुंदरता और इसके दिव्य आकर्षण के दीवाने हैं।

मॉल रोड शिमला का सबसे रोमांचकारी स्थल है। यहां स्वच्छता है, स्वास्थ्यकर वातावरण है और स्वच्छंदता है। यहां का नयनाभिराम नज़ारा सबको अपनी ओर आकर्षित करता है। यहां पहुंचते ही मन दिव्य अनुभूति का अनुभव करने लगता है और इधर से उधर घूम-घूमकर इस स्थल का आनंद लेने लगता है। इन्हीं खूबियों के कारण मॉल रोड जैसे विशेष स्थल पर घूमने का आकर्षण भला कोई कैसे छोड़ सकता है। मॉल रोड के प्राकृतिक एवं मानव निर्मित आकर्षण के कारण बड़े-बड़े शासक, संत, राजनीतिज़ तथा आम व्यक्ति भी यहां सैर-सपाटे का आनंद लेते देखे गए हैं और कोई भी इसके अद्भुत आकर्षण से बच नहीं पाता। यह एक ऐसा स्थल है जहां पर हर पल लोगों का आना-जाना लगा रहता है और लगातार एक उत्सव जैसी धूम मची रहती है।

स्कैंडल प्वाइंट मॉल रोड का ही एक भाग है। यह एक ऐसा विचित्र स्थान है जहां जाने-अनजाने में लोग खड़े होकर शिमला शहर की आबोहवा का आनंद लेते हुए अपने आस-पास के सुंदर दृश्यों का अवलोकन करते हैं। इस स्थान पर भी लगातार लोगों की भीड़ जमा रहती है जो यहां की विशेषता है। यहां पर खुले में सुंदर सुसज्जित छतरी तले एक पुलिस पोस्ट स्थापित है जो नज़र पड़ते ही सबको अपनी ओर आकर्षित करती है। इस छतरी के नीचे अक्सर पुलिस

के एक या एकाधिक सजे संवरे साफेदार सिपाहियों की तैनाती रहती है जो पर्यटकों को शिमला पुलिस के व्यवहार से रू-बरू होने का अवसर प्रदान करते हैं।

शिमला में अपार सौंदर्य है, असीम शांति और सुकून है, अद्भुत आकर्षण है, बेशकीमती बहारें हैं, दिलकश मौसम है और सब ओर शुद्ध हवा व हरियाली है। यहां का जीवन इस स्थान की प्राकृतिक एवं भौगोलिक रचना के कारण कठिनाई भरा जरूर है लेकिन इन कठिनाइयां के बीच भी कहीं-न-कहीं शांति एवं सौहार्द का सच्चा आभास होता है। इसकी प्राकृतिक छवि इसके बंदर-लंगूरों, देवदारों, बान वृक्षों, वनस्पतियों, सर्दियों में हिमपात और बसंत में फूलने वाले बुरांश के मनमोहक सुंदर फूलों के कारण अत्यंत हृदयस्पर्शी दिखाई देती है। यहां दिव्यता है, श्रेष्ठता है और एक अजीब-सा प्राकृतिक परिदृश्यजनित आनंद है। यहां का खूबसूरत परिदृश्य, स्वास्थ्यकर माहौल और सुंदर सुरम्य वातावरण मन को आनंदित करने वाला है।

शिमला का सबसे बड़ा आकर्षण यहां की प्राकृतिक छटा, शुद्ध हवा, वन, पहाड़, देवदार व बान वृक्ष और ऐतिहासिक इमारतें हैं। पर्यटक यहां के पहाड़ों, देवदारों, सड़कों, संकरे बाजारों, नटखट बंदर-लंगूरों और सर्दियों में होने वाले हिमपात के दृश्यों को देखकर खूब हर्ष मनाते हैं। यहां के बंदर-लंगूर मनुष्य के साहचर्य में रहते हुए उसके स्वभाव को भली-भांति जान चुके हैं और आधी नजर से ही उसके मनोभाव को भांप लेते हैं। वे अक्सर पर्यटकों एवं यहां के निवासियों से, भले ही छीना-झपटी से ही सही, कुछ-न-कुछ खाद्य उपहार पाकर आनंद मनाते हैं। इस तरह यह आनंद दो तरफ़ा रूप धारण

कर लेता है जिसे हर कोई रुककर देखता है और मन-ही-मन इसकी प्रशंसा भी करता है।

शिमला स्वभाव से ही ईमानदार भोले-भाले पहाड़ी लोगों का शहर है। इन लोगों के पहरावे और बोलचाल को देख भला कौन-सा हृदय द्रवित नहीं होगा। इनमें सेवाभाव कूट-कूटकर भरा है और ये स्वाभाविक रूप से ही सबको अपनापन दिखाते हुए सहयोग के लिए तत्पर रहते हैं। इन लोगों की जीवनचर्या कठिन है लेकिन अपने मेहनती स्वभाव और व्यवहार से वे इसे आसान बना लेते हैं। बदलते समय के साथ अब शिमला के निवासियों के जीवन में भी सादेपन व सौम्यता के साथ-साथ आधुनिकता का गहरा असर दिखाई पड़ रहा है।

शिमला शहर की सीमा के भीतर एवं सीमा के साथ कई धार्मिक स्थल हैं जिनमें सनातन धर्म मंदिर, राम मंदिर, कालीबाड़ी मंदिर, कामना देवी मंदिर, ढींगू माता मंदिर, हनुमान मंदिर जाखू, संकट मोचन मंदिर, तारादेवी मंदिर, जैन एवं बौद्ध मंदिर, ऐतिहासिक गिरजाघर, मस्जिदें तथा धार्मिक संस्थाओं के जागृति भवन सम्मिलित हैं। कई पर्यटन स्थल जैसे भारतीय उच्च अध्ययन संस्थान, स्टेट म्यूज़ियम, आर्मी हेरिटेज म्यूजियम, हिमालयन बर्ड पार्क, पॉटर हिल वन विहार, ग्लैन, चैडविक फॉल्स, हसन वैली, कुफरी, नाल देहरा आदि भी इसी सीमा के भीतर मात्र इतनी दूरी पर स्थित हैं कि सैलानी इन्हें अपने शिमला ठहराव के दौरान आसानी से देख सकते हैं और इनकी प्राकृतिक शोभा का आनंद ले सकते हैं।

शिमला के अद्भुत आकर्षण से अभिभूत हो कविमन ने अपने अंतर्बोध से कविताएं रचीं, जिन्होंने एक काव्य-संग्रह का रूप

ले लिया, जिसे पाठकों के समक्ष प्रस्तुत करते हुए अत्यंत हर्ष की अनुभूति हो रही है। इस प्रयास में परिजनों तथा अन्य जिन सज्जनों ने सहयोग किया है उन सबका हृदयतल से आभारी हूँ। आशा है सुधी पाठकवृंद इस काव्य संकलन की विषय-वस्तु का भरपूर आनंद लेंगे और काव्य रस के साथ-साथ शिमला के प्राकृतिक सौंदर्य के दृश्यात्मक विवेचन का भी मजा लेंगे।

श्याम लाल शर्मा

बहार

शिमला शहर में
सदा बहार रहती
हर दिल में रहती
दिल के भीतर-बाहर रहती।

एक आकर्षण-सा बना रहता
हर किसी में
कि रोज-रोज
मॉल रोड पर जाया जाए,
रेस्तरां में बैठकर
कॉफी पी जाए और कुछ खाया जाए,
कुछ देर के लिए
किसी मित्र से बतियाया जाए
और दिन के कुछ पलों को
जिंदगी की उलझनों से
दूर बिताया जाए।

शिमला में कमाने
या किसी और बहाने

आने वाला हर शख्स
शिमला का ही होकर रह जाता,
सारी दुनिया में घूम-फिरकर
फिर वापिस यहीं लौट आता,
पहाड़ों की रानी की गोद में बैठ
सच्चा सुकून पाता,
अपने भाग्य को सराहता
और एक संतुष्ट संतोषी राजकुमार की भांति
सुखी जीवन बिताता।

अप्सरा

शिमला वह अप्सरा है

जिसे हर कोई

देखना चाहता,

जिसे हर कोई

पाना चाहता,

जिससे हर कोई

मिलना चाहता,

जिसके साथ हर कोई

जिंदगी के कुछ पल बिताना चाहता

और जिसके ख्वाबों में हर कोई

खो जाना चाहता।

इसकी चिताकर्षक छटा में

कुछ ऐसी कमनीय कशिश है

जो अपनी ओर आकर्षित करती हर किसी को,

कुछ ऐसा रूप लावण्य है

जो ललचाता रहता

सबके दिल को,

कुछ ऐसा सम्मोहन है
जो सबके मन को मोह लेता
सदा के लिए।

दुल्हन

पहाड़ों की दुल्हन शिमला नगरी
पहाड़ी ही सही
पर अपनी पोशाक में
सबको भाती,
दिखते ही
दिल ललचाती।

महाशिव महेश के वासस्थान
महासु के आँचल में बसी शिमला नगरी
सबको सुकून देती,
मन मोह लेती
हरे-भरे देवदारों से
अपने आसमान छूते पहाड़ों से।

हिमालय की गोद में बसी शिमला नगरी
अपनी खूबसूरती एवं दिलकशी में
सबसे अनूठी है,
यहां आने वाले हर पर्यटक को ऐसा लगता
जैसे यहीं का नज़ारा सबसे प्यारा है
खूबसूरती की बाकी सारी नज़ीरें झूठी हैं।

जो कोई भी जिस कारण से
इस नगरी में आता
वह सदा के लिए यहीं का हो जाता
जैसे उसका इस नगरी से जन्म-जन्म का नाता हो
जैसे उसे इस नगरी का लुभाव
अपनी जन्म-भूमि से भी ज्यादा लुभाता हो।

शिमला नगरी लाखों की ही नहीं
करोड़ों दिलों की धड़कन है
करोड़ों दिलों पर राज करती है,
यह वह सुंदर सुरम्य पहाड़ी नगरी है
जिस पर सारी दुनिया
नाज़ करती है।

सर्दियों में बर्फ़ पड़ने पर
यह सुंदरी सफेद वस्त्र धारण करती,
रेशम की धवल चादर ओढ़े
नई-नवेली दुल्हन-सी लगती
और अपनी नज़ाकत से
सबका मन हरती।

यहां की टेढ़ी-मेढ़ी सर्पाकार सड़कें
हरे-भरे बड़े-बड़े पेड़

और शालीनता का नमूना पेश करते सातों सुंदर पहाड़
माथा ऊँचा कर
खूब डंका बजाते इस नगरी की खूबसूरती का
दुनिया भर में।

परी-सी नगरी

साल के अंतिम माह में
शिमला सोचने लगता
बर्फ़ की बात,
अपने यहां आने वाले सैलानियों के लिए
भेंट करने
प्यार भरी सौगात।

फिर क्रिसमस का त्योहार आता
जो रानी शिमला को दुल्हन की तरह सजाता
उसे चाँदी-सा चमकता सफेद लिबास पहनाता
और इस तरह सैलानियों के मन में
रानी शिमला के सुंदर रूप को
सदा के लिए बसा जाता।

शिमला का हर पेड़-पौधा भी
सैलानियों के स्वागत में
सफेद रुईदार टोपी पहने झुक जाता
और चुपचाप हाथ जोड़े
नम्रतापूर्वक स्वागत करते हुए
उन्हें पहाड़ी सभ्यता से रू-बरू कराता।

उन सबकी कितनी ऊँची किसमत है
जिन्होंने शिमला में बर्फ़बारी के मंज़र का मज़ा लिया है
और अपने जीवन साथी के साथ
इस परी-सी नगरी का
चमचमाते सुंदर सफेद लिबास में
दुल्हन की तरह सजते हुए दीदार किया है।

सुंदर शहर

शिमला प्रकृति के
सुरीले स्वरों से सृष्ट हुआ
वह सुंदर संगीत है
जिसे हर कोई
सुनना चाहता
हर कोई
सुनाना चाहता,
हर कोई
गुनना चाहता
हर कोई गुनगुनाना चाहता,
जिसकी धुन में
हर कोई
मन बहलाना चाहता
और जिसके भाव में
हर कोई
बह जाना चाहता।

यह सुंदर शहर
भावनात्मक सुरों का ऐसा संगम है

जिसकी मधुर तरंगें स्पंदित होती रहती
चाहक के चित्त पर
हमेशा के लिए।

शिमला की शोभा

शाम ढलते ही
चमचमाती रोशनी के बीच
शिमला शहर की शोभा
देखते ही बनती।

चार चाँद लग जाते
इस शहर की सुंदरता में
जब कृत्रिम रोशनी से जगमग
प्यार से लबालब
पर्यटकों से चहकता
खुशबू से महकता
यह सुंदर शहर
अपने प्राकृतिक परिवेश से
और सैलानियों के सहज आवेश से
सारे संसार को संदेश देता
कि प्रकृति के साथ जीने में ही
जीवन का भरपूर मजा है
अन्यथा मात्र भोगों के बीच रह कर जीना
क्रम-विकास के शिखर पर पहुंचे मनुष्य के लिए

अपने आपमें ही
एक बहुत बड़ी सजा है।

कृत्रिम रोशनी से नहाता शिमला शहर
सभी का मन मोह लेता,
जगमगाता हरा-भरा पहाड़
अपनी अनोखी छटा से
हर दर्शक को
दर्शन लोभी बना देता।

एक बार शिमला को देखने वाले का मन
कुछ समय बाद फिर मचल उठता
शिमला आने को,
यहां के सौम्य पहाड़ों की सुंदर छवि निहारने
और प्रकृति के आँचल में समय बिताने को,
यहां की सुरम्य सैरगाहों में घूमने
और पुरानी यादें तरोताजा कर जाने को।

देवभूमि का दिल

देवभूमि का दिल शिमला
सबके स्वागत में बाहें फैलाए खड़ा
भरपूर प्यार लिए,
सैलानियों के लिए
शांति और शीतलता का
सुखद उपहार लिए।

इसकी बहार का कोई सानी नहीं,
जब मैदानों में सूरज शोले बरसाता
तो यहां हर पल बहती ठंडी बयार में
गर्मी और लू से परेशान इंसान
भरपूर आराम पाता
और मन-ही-मन खूब हर्षाता।

बरसात होने पर शिमला
सुंदर, शीतल व स्वच्छ होता,
बादल छम-छम पानी बरसा कर
स्वयं इसका अंग-अंग धोता,
हर ओर पानी के झरने फूटने लगते
जिन्हें देख दिल में खुशी का अहसास होता।

सर्द मौसम में शिमला का नज़ारा
धीमी या तेज बर्फ़बारी में
तब और भी मनमोहक हो जाता
जब बर्फ़ के फाहों के बीच
हर सैलानी जोड़ा बाहों-में-बाहें डाल
मन से मौज़ मनाता।

जब शिमला में खूब बर्फ़ पड़ती
तो पर्यटक उसका लुत्फ़ उठाने आते
भरपूर मौज़-मस्ती करते
उछल-उछल कर खुशियां मनाते
और बर्फ़ के बीच बीते पलों की याद को सहेज कर
सदा के लिए अपने साथ ले जाते।

शिमला का अलग-सा व्यवहार
हर किसी को अहसास कराता
देवभूमि की अच्छाई का,
यहां की अनोखी प्राकृतिक छटा का,
यहां के लोगों की सादगी भरी जिंदगी
और स्वाभाविक सच्चाई का।

मॉल रोड की मस्ती

शिमला में मॉल रोड पर
वह सब मिलता है
जो अन्यत्र नहीं।

खुशियों का ख़ज़ाना,
गम भुलाने का बहाना,
ज़वानी का अफ़साना,
फैशन का आकर्षण,
महकता वातावरण,
दिल चाहे साथी का साथ
और कभी-कभी वह दोस्त भी
जिससे बिछुड़े
सालों गुज़र गए हों
उसकी यादों में।

मॉल रोड पर मिलती है
मन को मौज मनाने की वजह,
फुर्सत के पलों के साथ
कॉफी हाउस में कॉफी की चुस्कियों का मज़ा

जहां घंटों चलती गप्पों के बीच
समय झट से कट जाता
और दोस्त यह कहते हुए चौंक जाते
कि अभी तो मिले थे
अभी चल दिए!

मॉल रोड पर
किसी को पाने की चाह होती है,
पल भर के लिए ही सही
साथी बनाने की चाह होती है,
बात-ही-बात में बात बढ़ाने की चाह होती है,
साथ-साथ समय बिताने
और बतियाने की चाह होती है,
कुछ पलों के लिए
बहक जाने की चाह होती है।

सैलानियों का स्वर्ग

शिमला में सुकून और सैर-सपाटे का
सबसे सुंदर स्थल है मॉल रोड
जहां
छोटे-बड़े
अमीर-गरीब
सबका आना-जाना लगा रहता
सदैव।

मॉल रोड
प्राकृतिक आकर्षण का ही नहीं
बनावटी आकर्षण का भी केंद्र है
जहां भीड़-ही-भीड़ रहती
सुबह-दोपहर-शाम,
यहां तक कि
बरसात और बर्फ़ीले मौसम में भी।

सुबह-सुबह ही मॉल रोड
इंसानों से भरने लग जाता
आकर्षित करने लग जाता सबको अपनी ओर,

नाश्ता करने आते पर्यटक
कभी-कभी ऐसे दिखाई देते
जैसे घूमने आ गए हों
मॉल रोड पर
सुबह-सुबह,
दिखाई देने लगते
बड़ी संख्या में
कार्यालय जाते कर्मचारी
और अपने काम पर आते
वस्तु विक्रेता व व्यापारी।

शिमला के कई आशिक़
चार-चार चक्कर लगाते
हर रोज़
मॉल रोड के,
पता नहीं वह
किस खुशी में
घूमते रहते हैं
मॉल रोड पर।

यहां लोगों को मटरगश्ती करते देख
ऐसा लगता
जैसे बेमकसद घूम रहे हों सब
मॉल रोड पर,

पर ऐसा है नहीं
क्योंकि मॉल रोड पर चहल-कदमी करना भी
एक सूचीबद्ध कार्य है
शिमलवियों का।

कई लोग कहते सुने गए कि
मॉल रोड से
मज़नुओं का ही नाता है
पर अनुभव बताता है
कि हर प्रकृति प्रेमी,
खुदापरस्त और खुदपरस्त इंसान भी
यहां जीवन में एक बार
ज़रूर घूमने आता है।

सैलानियों के लिए
किसी स्वर्ग से कम नहीं
शिमला का मॉल रोड
जहां सभी तरह के सैलानी
मौज़ मनाने
छुट्टियां बिताने
या
हनीमून के बहाने
कम-से-कम एक बार ज़रूर आते

और फिर मॉल रोड की मीठी यादें लेकर
लौट जाते
अपने घर
मॉल रोड को दिल देकर।

मॉल रोड के कॉफी हाउस और रेस्तरां
ऊँचे तबके के नहीं
मध्यम वर्ग के सहारे चलते
जहां बैठ वे
अपना कुछ समय अवश्य बिताते
गप्पें लड़ाते हुए
और चाय या कॉफी की चुसकियों का
लुत्फ़ उठाते हुए।

मॉल रोड का स्कैंडल प्वाइंट
अब अपनी पहचान
स्कैंडलों से नहीं
बल्कि शिमलवियों के मिलन स्थल के रूप में बना रहा
जहां खड़े हो या बैठकर वे
या तो किसी के इंतज़ार में समय बिताते
या बार-बार
मॉल रोड की रंगीनियों पर
नज़र दौड़ाते।

मॉल रोड के स्कैंडल प्वाइंट पर तैनात
सुंदर छतरी के नीचे खुले में खड़े
या मॉल रोड पर विचरण कर रहे
सजे संवरे साफेदार सिपाही
तीखी नज़र रखते
हर उस काली भेड़ पर
जो सफेद भेड़ों के समूह में घुसकर
यहां कुछ गड़बड़ कर जाना चाहती
और शिमला के शांत सुकून भरे खुशनुमा माहौल में
अफ़रा-तफ़री फैलाना चाहती।

गाड़ियां नहीं चलती मॉल रोड पर
क्योंकि यह सैलानियों का ही रोड है
शिमला के चाहक सैलानियों का
जो बिना किसी शोर-शराबे के
चुपचाप घूमना चाहते
अपने मनभावन मनोहर
मॉल रोड पर।

आशिक़

इधर से उधर जाता

उधर से इधर आता

कम-से-कम चार चक्कर लगाता

रोज़-रोज़ मॉल रोड की हवा खाता

फिर भी नहीं अघाता।

मॉल रोड पर जाने का बहाना बनाना

हर शिमलवी को अच्छी तरह आता

कोई कुछ लेने तो कोई कुछ देने जाता

कैसे भी हो, मॉल रोड का आशिक़ मॉल रोड पर पहुंच जाता

और वहां घूम-फिर कर ही चैन पाता।

रानी शिमला के दिल की धड़कन मॉल रोड का आशिक़

दीवाना बन रोज-रोज यहां आता

और शाम को वह इसलिए घर जाता

क्योंकि घर जाना ज़रूरी है

या यों कहें कि मज़बूरी है।

शिमला के मॉल रोड का अंदाज ही जुदा है
यहां जर्रे-जर्रे में मुहब्बते खुदा है
यहां हर मौसम में खुशनुमा बहार रहती है,
लगातार इसके चाहने वालों की भरमार रहती है
और हर दिल में प्यार की पुकार रहती है।

मस्त फ़िज़ाएं

तुम घूम कहां रहे हो ज़नाब,
यह तो मटरगश्ती है मॉल रोड की
जो बड़ों-बड़ों का दिमाग घुमा देती है,
यहां चक्कर लगाने के चक्कर में
अपना आप तक भुला देती है
और किसी सुनहरे सपने में उलझा देती है।

तुम स्वयं पर नज़र डालो
कि मॉल रोड पर घूमते हुए
तुम्हारा कहां ध्यान है
फिर तुम अवश्य
यह सच्चाई स्वीकार कर लोगे
कि अभी मॉल रोड ही तुम्हारा जहान है।

यह सच है कि मॉल रोड की मस्त फ़िज़ाएं
और यहां मचलती अप्सराएं
झट से सबका ध्यान भटका देती हैं
और अपनी मनमोहक अदाओं से
हर किसी के दिल का
चैन चुरा लेती हैं।

यह भी सच है कि
मॉल रोड इंसानी भावनाओं को जगाता है,
हर किसी को प्यार से अपने पास बुलाता है
फिर इशारों-इशारों में मुहब्बत का संदेश सुनाता है,
और अपनी रोमांचक अदाओं से सबका मन बहलाता है,
जनाब! तभी तो यह शिमला का मॉल रोड कहाता है।

मटरगस्ती

यह आठवां चक्कर है मॉल रोड पर
मस्त जवानी का।

उसे पूछना मत
कि इस मटरगस्ती का
मकसद क्या है?

तुम्हें पता लगाना है
तो एक बार स्वयं भी
चक्कर लगाकर देखो,
दूसरा चक्कर लगाने के लिए
मज़बूर हो जाओगे
और देखते-ही-देखते
मॉल रोड की मटरगस्ती करने वाले मजनुओं में
मशहूर हो जाओगे।

यह सच है कि जिंदगी में जिसने भी कभी
शिमला के मशहूर मॉल रोड की सैर की
उसे यही अनुभूति मिली

कि शिमला का मॉल रोड
एक जादुई जगह है
जिसे छूते ही
पैर अपने आप चलने लगते हैं,
जिसे नज़र भर देखते ही
मन मजनुओं के माफ़िक मचलने लगते हैं,
जिसे जिसने भी दिल से प्यार किया
वह आशिक़ मिज़ाज हो जाता है
रूहानी मस्ती में झूमने लगता है,
और दीवानों का सरताज कहलाता है।

चैन

शिमला के मॉल रोड की बहार
यहां हर पल बहती ठंडी बयार
मन को चैन देती,
इस सुंदर स्थल की
मात्र एक झलक भर
हृदय में आनंद भर देती,
मन हर लेती।

यहां घूमने आए देशी-विदेशी पर्यटक
यहां बार-बार आकर भी
कभी नहीं अघाए हैं,
यहां के मनमोहक नज़ारे
सदा सबके मन भाए हैं,
यहां आकर सबको यही लगता है
जैसे वह स्वर्ग घूमने आए हैं।

यहां के रेस्तरां में बैठ कर लोग
खूब आनंद मनाते,
अपना समय खास चर्चा करते हुए

खाते-पीते बिताते,
भारत तो क्या
सारी दुनिया भर की समस्याएं
चाय या कॉफी की चुस्कियां लेते-लेते सुलझाते।

मॉल रोड पर तैनात पुलिस की वर्दी
अपने आपमें आकर्षक है, अनोखी है
और कमाल है
तुर्रोधारी पगड़ी पहने खूबसूरत ज़वानों को देख
ऐसा लगता है
जैसे शिमला के ये सजग सिपाही
बेहद सतर्क और बेमिशाल हैं।

रंगीन-मिज़ाजी

स्वर्ग से शहर शिमला में

हनीमून मनाने आए जोड़े

शिमला की रंगीन-मिज़ाजी

और प्राकृतिक छटा देख

तब भाव-विभोर हो उठते

जब अपनी हनीमून-हट

या होटल के कमरे से निकल वो

लंबे समय तक

साथ-साथ टहलते,

एक-दूसरे की

कभी न खत्म होने वाली बातें

सुन-सुन कर बहलते,

सपनों का

अपना अलग-सा संसार बुनते,

आने वाले जीवन के लिए

अपनी अलग-सी राह चुनते,

कई मधुर यादें बटोरते

और बाहों-में-बाहें डाले
खोए-खोए से डोलते,
मॉल रोड पर।

रानी का इदारा

सायंकाल के मनोरम माहौल में
मॉल रोड की महक
मज़ेदार लगती,
मदमाती-सी मस्त हवा
मन में खुशियां भरती,
अजीब-सी अविराम चहल-पहल
सबका मन हरती।

शिमलवियों का रोज-रोज यहां चक्कर लगाना
टहलते हुए इधर-से-उधर जाना और उधर-से-इधर आना
फिर कॉफी हाउस में बैठ घंटों बतियाना
शिमला की एक खास समझ को दर्शाता है,
यह मंजर देख ऐसा लगता है
जैसे शिमलवियों का ठेठ अँग्रेजी सभ्यता से
अभी भी गहरा नाता है।

शिमला के सुंदर घने जंगल
देवदारों व बान वृक्षों की हरियाली
बुरांश के सुंदर फूलों की लाली

बंदर-लंगूरों की उछल-कूद
एक अनूठा-सा चित्र बना देते हर पर्यटक के ज़हन में
एक अज़ीब-सा उत्साह जगा देते
हर प्रकृति प्रेमी के मन में।

अब मई-जून माह में
शिमला में तब अचानक ही भक्ति भाव जग जाता
जब यहां प्रवचन सुनाने और मौसम का लुत्फ़ उठाने
जाने-माने गुरुओं, संतों व कथाकारों का
आना-जाना लग जाता
जो पारमार्थिक प्रवचन भी देते
और शिमला की सैरगाहों में घूमने का आनंद भी लेते।

वैसे तो यहां किसी देवदार के नीचे बैठ
ध्यान में रमा भक्त वह आनंद पाता है
जिसके लिए स्वर्ग का देवता भी ललचाता है
लेकिन यहां के धर्मस्थलों का भी
प्रकृति व परमेश्वर से सीधा नाता है
और जो भी सज्जन सच्चे मन से इन स्थलों पर जाता है
वह स्वयं को खुदा से जुड़ा हुआ पाता है।

शिमला में बादल भी झमाझम बरसते हैं
रानी शिमला के पग धोने के लिए
वन्य संपदा संजोने और पर्यटकों का मन मोहने के लिए,

ज़ोर-ज़ोर से बरसते हुए कहते कि शिमला सबसे न्यारा है
हिमालय के आँचल में बसा यह शहर हरदिल प्यारा है,
यहां तेज गर्मी जैसी आपदा फटक तक नहीं सकती
क्योंकि यह पहाड़ों की रानी का इदारा है।

दिवाली-ही-दिवाली

स्वर्ग-सा सुंदर शहर शिमला
खूब स्वागत करता उन सैलानियों का
जो प्रकृति की गोद में मौज मनाने
और बहारों का लुत्फ़ उठाने
आते शिमला में।

शिमला की शुद्ध हवा
साधकों में साधना का तीव्र भाव जगाती,
उन्हें झट से भक्ति भाव में विभोर कर
और दिव्य आनंद से सराबोर कर
उनके इष्ट से मिलवाती।

यहां हर ओर पहरा देते देवदार
ध्यान में आने वाली हर बाधा दूर करते,
मन में दिव्य उत्साह भरते,
साधक के साधना में बैठते ही
उसके सारे ताप हरते।

यही बात यहां
कामनाओं से भरे इंसान पर लागू होती
जो यहां कामनाओं का भरपूर भंडार पाता
शहर में कदम रखते ही
हर तरह की भोग्य वस्तुओं का अंबार पाता।

शिमला की छटा निराली है,
यहां हर ओर प्रकृति प्रदत्त खुशहाली है,
ऊपर खुला आसमान तो नीचे हरियाली है,
जिस भी मौसम में चले आओ
यहां हमेशा दिवाली-ही-दिवाली है।

यहां की स्वच्छ हवा और दिलकश बहारें,
हर ओर प्रकृति के मनमोहक नज़ारे
केवल पैसे से नहीं मिल सकते
तभी तो चाहे सारी दुनिया घूम लो
पर शिमला जैसे दिल और कहीं नहीं खिल सकते।

चित्रफलक

भारी बर्फ़बारी होने पर
शिमला को
दिव्य पंख लग जाते,
सफ़ेद हंसनी-सा सुंदर लगता
शिमला का वह स्वरूप
जब बर्फ़ के फाहे
जम जाते हर पेड़ पर,
जब हंसनी के नवजात चूजों-सी दिखाई पड़ती
बर्फ़ से ढकी हर वनस्पति।

अज़ीब-सा नज़ारा दिखाई देता तब
शिमला की वादियों में
जब हर देवदार भी
खड़ा होता
बर्फ़ की सफ़ेद चादर ढक कर
किसी ठेठ पहाड़ी की तरह
जो अक्सर
सफ़ेद ऊनी वस्त्रों से
ढका रहता सर्दियों में।

शिमला का वह दृश्य
तब देखते ही बनता
जब भारी बर्फ़बारी के बाद सब लोग
शिकारी की सी चाल में चलने लगते
सच बर्फ़ पर
और पल भर के लिए
अपनी छाप छोड़ देते
प्रकृति के बनाए
बर्फ़ के सफेद चित्रफलक पर।

दिन खुलते ही
वन्य जीव
दौड़ने लगते
बर्फ़ से बने चित्रफलक पर
जीने की आश में,
भोजन की तलाश में,
साहस दिखाते हुए
फुदकने लगते
सब ओर।

प्रकृति के बच्चे
बंदर, लंगूर, पक्षी और कुत्ते
आड़े-तिरछे डग भरते
भांति-भांति की चित्रकारी करते

धरती पर बिछी बर्फ़ की सफेद चादर पर
और इस क्षणिक इतिहास में
तनिक भी पीछे नहीं रहते इंसान से
अपनी छाप छोड़ने में
बर्फ़ के विशाल चित्रफलक पर।

धीरे-धीरे बर्फ़ की सफेद चादर पर
चलचित्र की तरह
असंख्य चित्र उभरने और तिरोहित होने लगते
कई पगडंडियां बनने लगती
छोटी-छोटी नहरें बहने लगती
उथली-सी चपटी झीलें बन जाती
और कई अज़ीब तस्वीरें उभर आती
इंसानी कदमताल की
मन की मनमानी चाल की।

उत्साह

सर्दियों में
शिमला में
कभी-कभी
भारी बर्फ़बारी होती,
ऐसे पलों में
शिमलवियों में
अज़ीब-सा उत्साह देखने को मिलता
हालांकि जीवन में
घोर दुश्वारी होती।

स्मार्ट सिटी बन जाने के बाद
जन-सुविधाओं के इस ज़माने में
शिमला शहर निरंतर चलता रहे
और भारी बर्फ़बारी में भी
जनजीवन लगातार फलता रहे
इसके लिए सरकार को खास समझ दिखानी होगी,
पानी, बिजली व परिवहन व्यवस्था कभी भी न रुक पाए
और जीवन रूपी रेलगाड़ी बेरोक-टोक चलती जाए
इसके लिए बेहतर योजनाएं बनानी होंगी।

भारी बर्फ़बारी में भी
जन-जन में उत्साह बनाए रखना
और जीवन रूपी गाड़ी को
लगातार पटरी पर चलाए रखना
प्रशासन का काम है
जिसके लिए बदलते वक्त के साथ
अब ऐसा लगता है कि
शिमला प्रशासन के पास
पूरा इंतजाम है।

शिमला तो शिमला है

सुंदर सुरम्य शहर
स्वच्छ वातावरण
सुकून भरा माहौल
शीतल सर्पाकार सड़कें
संकरी सीढ़ियां
घुमावदार रास्ते
तीखी उतराई-चढ़ाई
ढलानों पर बने भवन
भव्य ऐतिहासिक इमारतें
शानदार टाउन हॉल
आलीशान गेयटी थिएटर
पहाड़ी शैली में सजे मनमोहक मंदिर
गौरवशाली गिरजाघर
शांत सौम्य ईदगाहें
एक से बढ़कर एक नामी स्कूल
रिज की रौनक
मॉल रोड की मटरगश्ती
मुहब्बत का माहौल
भीड़ भरे बाजार

शहर में सैर करती देवमूर्तियां
पहरेदार की तरह तन कर खड़े देवदार
सुडौल सघन पहाड़ी पेड़
ऊँचे-ऊँचे पर्वत

झट से झुरमुट बनते बादल
तेज बरसती बरसात
सत्ता का शोर-शराबा
राजनीति का रौनकी राग
हर ओर हरियाली
बुरांश के फूलों की लाली
प्रकृति के बीच जीवन की खुशहाली
पहाड़ पर दौड़ती खिलौना रेल
बंदर-लंगूरों के खेल
विभिन्न संस्कृतियों का मेल
देशी-विदेशी सैलानियों की भरमार
होटलों का अंबार
बर्फ़बारी का उपहार
और लगातार रहने वाली मौसमे बहार,
यही है शिमला की जीवंत छवि
जो सदैव एक-सी देखने को मिलती
शिमला में।

यह सब दृश्य देख
एक जिज्ञासा-सी जगती जहन में,

एक उमंग-सी उठती मन में
जो सबके भीतर एक दिव्य भाव भरती
और सबको यह कहने के लिए मज़बूर करती
कि शिमला तो शिमला है।

———◦———

समर फेस्टिवल

शिमला का समर फेस्टिवल
अनूठा उत्सव है
पहाड़ पर
जीवन जीने की कला का
जो साल में एक बार मनाया जाता
और जिसके लिए प्रशासन द्वारा
शिमला शहर को
खूबसूरत ढंग से सजाया जाता।

रिज पर सजे मनोहर मंच पर
संगीत के सुर-ताल व लय देख
और पहाड़ पर जीवन की जय देख
ऐसा लगता
जैसे हिमाचल की राजधानी में
कोई स्वर्गिक समारोह चल रहा हो
और स्वरों का सुंदर
आरोह-अवरोह चल रहा हो।

रिज पर अचानक बढ़ी रौनक
लोगों से खचाखच भरा मॉल रोड

चौकस खड़ा सुरक्षा तंत्र
और सब ओर बजते मधुर बाच यंत्र
ऐसा आभास देते
जैसे पहाड़ पर कोई दिव्य कृत्य हो रहा हो
जिसमें अप्सराओं व देवगणों का
मनमोहक नृत्य हो रहा हो।

फेस्टिवल के वातावरण में
मॉल रोड पर बजते बैंड सबका मन लुभाते,
अपने-अपने पारंपरिक परिधानों में
कोई मिलिट्री धुन तो कोई लोक धुन बजाते,
एक साथ नाटी की धुन पर थिरकते पैर
जीवन से दुर्भाव मिटाते
और पहाड़ के कठिन परिवेश में भी
जीवन जीने का जोश जगाते।

देवमूर्तियों का मेले में नृत्य करते हुए आना
और शिमलवियों का श्रद्धावनत हो माथा झुकाना
एक समृद्ध सांस्कृतिक रीत है
जो शिमलवियों के मन में बसी श्रद्धा
और शांति-सद्भाव की जीत है;
झूम-झूम कर नाचती देवमूर्ति देख सैलानी भी चौंक जाते
और सिर नवाकर देवालुओं के थाल में
कुछ-न-कुछ भेंट अवश्य चढ़ाते।

संध्याकालीन मंचन में
नामचीन कलाकारों की कला का नज़ारा,
नृत्य करती मशहूर अदाकारा
और हास्य कवि का व्यंग्य भरा इशारा
शिमला के मनोहर माहौल को
और भी मधुर बनाते,
पहाड़ के जटिल जीवन में भी उल्लास कैसे भरा जाए
इसका मंत्र सिखाते।

फेस्टिवल की मस्ती में
पर्यटक जोड़ों का देर रात तक
बेफिक्र हो मॉल रोड व रिज पर घूमना
और बाहों-में-बाहें डालकर झूमना
स्वतंत्र भारत की जीती जागती तस्वीर है,
यह सब दृश्य देख ऐसा लगता है
जैसे शिमला जैसे खुलेपन में जीना अब
देश के नौजवानों की तकदीर है।

मौज-मस्ती

आओ यार शिमला चलें
वहां खूब ठण्डी हवा मिलेगी,
रिम-झिम फुहारों के बाद
प्यारी-प्यारी धूप खिलेगी।

मॉल रोड का सैर-सपाटा
सारी थकान हरेगा
सुहानी सर्द रात में
मन ख्वाबों से भरेगा।

पहाड़ी नाटी पर झूमेंगे
मिल-जुल कर मौज मनाएंगे
उलफ़त के साथ घूमेंगे
रेस्तरां का खाना खाएंगे।

भूले-बिसरे यारों से मुलाकातें होंगी
मुहब्बत की मीठी बातें होंगी
न किसी की मानेंगे न अपनी मनवाएंगे
न किसी से रूठेंगे न किसी को मनाएंगे।

जाखू की चढ़ाई चढ़ेंगे
बजरंगवली के दर्शन करेंगे,
कुछ दान-दक्षिणा की भेंट देंगे
और मनचाही मन्नतें मांग लेंगे।

हर ओर चढ़ाइयां चढ़ते-उतरते
वहां तन-मन जवां बनेंगे
शिमला की सुंदर वादियों में
दिल में मकाँ बनेंगे।

नज़ारा

एक बार शिमला की बहारों का,

मदमाती रंगीनियों

और ख़ूबसूरत नज़ारों का

मज़ा लेने वाले

मुझे यकीन है

तुम यहां

दोबारा जरूर आओगे

कई बार

सपरिवार

शिमला की सैरगाहों में

सैर का लुत्फ़ उठाने,

यहां की हसीं वादियों को निहारने,

यहां के प्राकृतिक परिवेश में खुशियां मनाने

और यहां के देवदार व दिव्य वनस्पतियों से बतियाने।

तुम सच मानो -

शिमला का आकर्षण ही ऐसा है

यह शहर जैसा सुना है

बिल्कुल वैसा है,

यहां घूमने को मन करता है
गुनगुनाने की चाह होती है
कुछ लुटाने को मन करता है
कुछ पाने की चाह होती है
किसी का बन जाने को मन करता है
किसी का हो जाने की चाह होती है।

तुम यहां दोबारा आना और बहारों का खूब लुत्फ़ उठाना,
ऊँचाई पर खड़े होकर देवदार के साथ फोटो खिंचवाना,
फिर उसे अच्छी-सी फोटो फ्रेम में डलवाना
और यह यादगार तोहफ़ा अपने साथ ले जाना।

मधुर याद

अनुपम स्वर्गिक सुख देने वाला
मनोहर स्थल है शिमला
नव-विवाहित जोड़ों के लिए
जो यहां आकर सैर का लुत्फ़ उठाते,
मनचाही खुशियां मनाते,
अपने आने वाले कल के
सुनहरे सपने सजाते
और उम्र भर के लिए
ढेरों मधुर स्मृतियां
अपने साथ ले जाते।

सही में
शिमला की सैर
जिंदगी भर के लिए
एक अमूल्य अनुभव है,
एक सुखद अहसास है,
एक मधुर याद है
जो शिमला घूम चुके

हर पर्यटक के दिल में
हमेशा के लिए
आबाद है।

परीक्षा

बर्फ़ीले मौसम में शिमला
सिहरन से भर देता
शरीर को,
एक-सा डराता
गरीब और अमीर को।

कम कपड़ों में
अलाव जला
जहां गरीब आदमी
अपना शरीर तपाता
वहीं गर्म कपड़ों से जकड़ा
अमीर का शरीर
गर्मी से गुदगुदाता
और वह गर्म कपड़ों से
निजात पाना चाहता।

घर-बाहर सब ओर छाई
धूएं की तमिस्रा
गरीब का चैन लूटती

तो लगातार चलती
ब्लोअर की गर्म हवा
अमीर का दम घुटती।

सर्द हवाओं के साथ आती
बर्फ़ की फुहार
नज़रबंद कर देती सबको
अपने ही घर में
किसी अनजाने डर में।

पर गरीब आदमी हिम्मत जुटा
रोजी-रोटी की तलाश करता,
घर से बाहर निकलने पर
डर के मारे
हौले-हौले डग भरता,
मुँह पर हाथ धरे
भाप भरा साँस छोड़ता
और धीरे-धीरे आगे खिसकते हुए
बर्फ़ के बीच रास्ता खोजता।

अमीर आदमी इस मौसम में
बेबश-सा हो जाता
कभी हीटर के पास बैठता
कभी सो जाता,

उसके मन में यही चलता रहता

कि शायद आज शहर में

समाचार-पत्र, दूध, ब्रैड, फल, सब्जियों जैसी ज़रूरी वस्तुएं

नहीं पहुंच पाएंगी

और उसे इनके बिना दिन बिताने में

बहुत सारी बाधाएं आएंगी,

केबल कनैक्शन भी जा सकता है,

बिजली आपूर्ति में भी अवरोध आ सकता है,

शायद आज वह अपना बहुत कुछ खोने जा रहा

इसलिए ही तो आज उसे कुछ भी नहीं भा रहा।

घोर सर्दी से पहले

घूमने का मन बनाए

या अपने काम से शिमला आए

ऊपरी इलाकों के लोग भी

भारी बर्फ़बारी होने पर

वाहनों के फिसलने से डर जाते

और वापिस घर लौटने से कतराते

शिमला में ही रिश्तेदारों के घरों में कैद हो जाते

तब तक

जब तक

प्रशासन ऊपर जाने वाली सड़कों की सुध नहीं लेता

या बर्फ़ उन्हें वापस लौटने का रास्ता नहीं देता।

बर्फ़ के मौसम में
शिमला सभी का खूब इम्तहान लेता
और जो परीक्षा में पास हो जाए
उसे गर्मियों में
अपने यहां के सुखद सुहावने मौसम का
भरपूर ईनाम देता।

स्वर्गिक सुख

भारी बर्फ़बारी के बाद
मनमाफिक मस्त माहौल में
शिमला के आसमान पर
सूर्यदेव का सुखद आगमन
आम इंसान को
इतना प्यारा लगता
जितना भक्त को
भाव में आया भगवान्।

बर्फ़बारी के बाद
गुनगुनाती धूप में
रिज की रौनक
मन मोह लेती,
सर्दी से सहमे हर शिमलवी को
भरपूर सुकून देती
और उसके मन का
सारा दु:ख हर लेती।

धूप चमकने पर
बर्फ़ में सुस्ता रहे जंगल का हिलना

और टनलों से खिलौना रेल का
सीटी बजाते हुए निकलना
ऐसा लगता
जैसे कोई कल्पित महाकाय हिम मानव
अपनी चिर शीत निद्रा से जागा हो
ऊँची तीखी आवाज में चिंघाड़ते हुए।

बर्फीले मौसम में
पहाड़ों पर बादलों की मटरगस्ती ऐसी लगती
जैसे कोई भूत बाबा
आकाश में असंख्य रूप धर कर
घूम रहा हो
और इन बदलते रूपों में बारी-बारी आ कर
पहाड़ पर बनी सोए बच्चे की आकृति का
माथा चूम रहा हो।

सूर्य निकलने पर
सर्द मौसम सुहावना होते ही
मॉल रोड पर विचरण करते युवक-युवतियां ऐसे लगते
जैसे स्वर्ग के देवगण और अप्सराएं
विचरण कर रहे हों
खूब सज-धज कर
कदम-से-कदम जोड़
मॉल रोड पर।

सर्दियों का मनमोहक शिमला
सैलानियों को निमंत्रण देता
बार-बार शिमला आने का
यहीं का हो जाने का,
किसी को नहीं जाने देता
अपने आगोश से दूर
अपने स्वर्गिक सुख के खिंचाव से,
अपनेपन के गहरे भाव से।

बैकुंठ-सा शिमला

बर्फ़ की सफेद चादर ओढ़े
शिमला शहर ऐसा लगता
जैसे स्वर्ग नगरी हो देवराज इंद्र की,
जैसे बैकुंठधाम हो भगवान् विष्णु का
या कैलाश हो महाशिव महेश का।

मानसिक कुंठाएं जहां नहीं रहती
वही बैकुंठधाम है
और शिमला भी पूरी तरह
कुंठा रहित स्थान है,
शांत-सभ्य-सरल-संतुष्ट
सादगी और संस्कृति से पुष्ट
सामंती सोच और आतंकी भय से दूर
प्राकृतिक सुख और वैभव से भरपूर
हरे-भरे जंगलों व बर्फ़ीले पहाड़ों से घिरा
बैकुंठ-सा शिमला।

सर्दियों में
शिमला में बिछी बर्फ़ की सफेद चादर

वेष कीमती होती है
जिसे मात्र देखने भर की कीमत
लाख टका भी कम होती है।

विषयों के भोगी या धन के लोभी
भोग की अभिलाषा में या लूट की आशा में
दौड़ पड़ते शिमला की ओर
किसी असुर दल की तरह
मादक पदार्थों का ज़हर फैलाने
अजीबो-गरीब तरीके से मौज़ मनाने
अपनी भोगवृत्ति का भद्दापन दिखाने
और शिमला की सुंदरता पर दाग लगाने।

असल में शिमला उनका है
जिन्हें विषय-वासना ने न डसा हो
जिन्हें लोभ-लालच ने न ग्रसा हो
जिनके मन में आसुरी भाव न बसा हो
या जिनके मन में मादक पदार्थों का नहीं
बल्कि प्रकृति प्रेम का नशा हो।

दिव्य तपःस्थल

शिमला के राधा-कृष्ण मंदिर में
युगल रूप की सुंदर छवि,
राम मंदिर में
भव्य राम दरबार
और देवी-देवताओं की वीथिका से सजा सभागार,
जाखू, संकटमोचन व अन्य मंदिरों में
भगवान् महावीर के दिव्य दीदार
और शिमला के सुरम्य स्थलों पर विराजे
माता दुर्गा के भिन्न-भिन्न अवतार
शिमला आए सभी सैलानियों को खूब आकर्षित करते,
उनके मन में भक्ति भाव जगाकर
उन्हें अपने पास बुलाते
और भरपूर आशीर्वाद देकर
उनके शिमला आगमन को सफल बनाते।

इन पुण्य स्थलों पर होने वाले
भंडारों का भव्य आयोजन
शिमला आए सैलानियों को चौंका देता
और उन्हें भी शिमलवियों की ही तरह

पुण्य कर्म के लिए प्रेरित कर
दानवीर बना देता,
उनके भीतर भक्ति भाव जगाकर
उन्हें उच्च श्रेणी का भक्त बना देता
और देवभूमि के दिव्य स्पर्श से
निःस्वार्थ सेवा का मंत्र सिखा देता।

लगता है
यह देव दर्शन या तो पूर्व जन्मों की तपस्या का फल है
या भगवद कृपा का उपहार
जो सबको सुलभ होता
आसानी से
शिमला के इन दिव्य तपःस्थलों पर
जो शिमलावासियों की भक्ति-भावना
और सनातन संस्कृति के प्रतीक हैं।

शीतल सड़कें

घने पेड़ों के बीच से गुजरती
शिमला की शीतल सर्पाकार सड़कें
सौम्य सुखद अहसास से भर देती
जीवन की हर भोर,
गर्मियों की भरी दोपहरी में भी
सबको आकर्षित करती
अपनी ओर।

इनकी ठंडक बड़ी निराली है
मन के भीतर समा जाती है,
एक सुखद अहसास देती है
अंग-अंग को सहलाती है,
मन में मधुर भाव जगाती है
शिमला के प्रति लगाव बढ़ाती है
और हर किसी को अपनी ओर ललचाती है।

कभी एक बार इन पर ज़रूर घूम लेना यार
तुझे स्वर्ग सुख का अहसास कराएंगी,
इन सुंदर सुहावनी सैरगाहों में

देवदारों से लटकती लंबी-लंबी रंग-बिरंगी बेलें
दिखते ही दिल में
आनंद का अहसास जगाएंगी
और झट से तन की सारी थकान मिटाएंगी।

यहां बैसाख-ज्येष्ठ की गर्मी को झुठलाती
पेड़ों से छन-छन कर आती
मद्धम धूप में
बंदर-लंगूरों के खेल
तुझे बचपन की याद दिलाएंगे
पल भर में ही मन की सारी व्यथा हर लेंगे
और तन का सारा ताप मिटाएंगे।

हसीं वादियां

शिमला की हसीं वादियों में
मंद-मंद बहती मदमस्त हवा,
देवदार व बान वृक्षों की घनी छाया
और ठंडक देती सुरम्य सर्पाकार सड़कें
मई माह में भी
गर्मी की
याद तक भुला देती,
किसी बैकुंठ जैसी स्थिति में ला देती
हर आगंतुक के मन को
जो कुछ असाधारण पाने की चाह में आता
शिमला में।

यहां का हरियाली भरा वातावरण
शीतल जलवायु
और उतराई-चढ़ाई भरे रास्ते
अपनी पहचान स्वयं बता देते
और हर पर्यटक को
उसके शिमला में होने का
अहसास करा देते।

मंथर गति

खूब बर्फ़बारी होने पर
शिमला में
जन-जीवन
आम तौर पर
सुस्त हो जाता,
मैदानों की अपेक्षा
यहां
खाना-कमाना
नाच-गाना
और जीवन को आगे बढ़ाना
सब-कुछ
मंथर गति से चलता।

खूब बर्फ़बारी होने पर
शहर के सारे रास्ते
सुनसान हो जाते,
कोई बिरले मज़बूर इंसान ही
घर की सुरक्षा से बाहर निकल पाते
और वैसे ही धीमे-धीमे चलते

या हिलते-डुलते नज़र आते
जैसे दक्षिणी अमेरिका के जंगलों में पाए जाने वाले
सुस्त शरीरधारी स्लॉथ्ज
जो मात्र कभी-कभी
ज़रूरी जीवन क्रियाएं करने के लिए ही
ज़मीन पर आते
और हौले-हौले डग भरते हुए
पुन: किसी पेड़ की सुरक्षा में लौट जाते।

हिमलड़ियां

बर्फ़ के मौसम में
चाँदी-सी चमकती
हिमलड़ियों से सजे
शिमला शहर की सजावट
देखते ही बनती।

चार चाँद लग जाते
पहाड़ों की रानी के सौंदर्य में
जब सर्द सुहावनी रात में
देवगण स्वयं आ कर सजाते
शिमला को।

अनोखा लगता शिमला का वह सिंगार
जब हर घर-द्वार
हिमलड़ियों की सजावट
और कृत्रिम रोशनी की चमक से
बन जाता एक खूबसूरत बंदनवार।

तब और भी दिलकश नज़ारा लगता
जब चाँदी-सी चमकती चादर ओढ़े

कृत्रिम रोशनी से नहाती इस परी पर
कोई अज़नबी आशिक़ रात में
सामने की सड़क से सीधी नज़र डालता।

बड़भागी

शिमला में बर्फ़ का इंतज़ार
कभी-कभी दिसम्बर पार कर जाता
और पर्यटकों को
खूब सताता।

पर जब बर्फ़ की बहार आती
तो वह सबका मन लुभाती,
हर पर्यटक और शिमलवी को
एक साथ हर्षाती।

बर्फ़बारी होने पर शिमला
सैलानियों का स्वर्ग बन जाता,
उन्हें बर्फ़ के उड़ते हुए रुईदार फाहों के साथ नचाता
उनके साथ क्रिसमस और नए साल के समारोह मनाता।

बर्फ़बारी से शिमला में
एक अज़ीब-सी रौनक आ जाती
जो हर पर्यटक व शिमलवी के मन को
खुशियां देती और खूब भाती।

शिमलावासी जीवन में आए इस परिवर्तन से
कुछ समय के लिए सुस्ता जाते
और सुस्ती भरे अपने अजीब बर्ताव से
सैलानियों को डराते।

शिमला की बर्फ़ीली ठंड जीवों के लिए घातक होती
गरीबों के लिए भी,
चेतावनी देती रहती लगातार भागते रहने की
जीवट बनने और जागते रहने की।

बर्फ़ से सजे शिमला को देख ऐसा लगता
जैसे जीवन भर के पुण्यों का फल मिला हो
इस सुंदर सुरम्य देवभूमि में आए
सभी सैलानियों को।

बर्फ़ की सफेद चादर ओढ़े शिमला
सैलानियों के मन को ऐसे भाता
जैसे पवित्र आत्मा को
परमात्मा से अपना नाता।

बर्फ़ के फाहे

शिमला में
सर्दियों की सौगात
आसमान से गिरते
रुईदार बर्फ़ के फाहे
किसी चतुर धुनिये की तरह
झट से भर देते ज़मीन को
सफेद पानीदार रुई से।

शिमला में मौसम की पहली बर्फ़
सबको रोमांचित-सा कर देती,
शिमलवी हो या सैलानी
सबमें एक-सा उत्साह भर देती
हर ओर सुंदर छटा बिखेरते हुए
मनोहर दृश्य बनाते हुए
शिमला को रजत लड़ियों से सजाते हुए।

अनछुई सद्य बर्फ़
बहुत सुंदर लगती,
ईश्वर का उपहार-सा प्रतीत होती,

दिखते ही दिल को छू लेती,
हर किसी को भाती,
मन की तहों में उतर जाती
एक प्यारी-सी ठंडक देते हुए।

शिमला में
भारी बर्फ़बारी के साथ ही
शुरू हो जाता संघर्ष
आदमी और बर्फ़ के बीच
अपना हक जमाने का
एक-दूसरे को हराने का
अपने रास्ते से हटाने का।

शिमला में
बर्फ़ के फाहों से बनी फिसलन
कइयों के टांग-बाजू तोड़ देती
और कई नसेड़ी लापरवाह इंसानों को
कभी न भूलने वाला सबक देती
जानबूझकर बर्फ़ से पंगा न लेने का
और खुदा की अमानत अमूल्य जिंदगी पर ध्यान देने का।

पर्यटक और बच्चे
सच्चे मन से बर्फ़ का खेल खेलते,
एक-दूसरे पर नर्म बर्फ़ के गोले फैंक

आनंद लेते सच बर्फ़ का
और सदा के लिए सहेज लेते
इन यादगार पलों को
अपने दिलों में।

खिलौना रेल

छुक-छुक करती
आगे बढ़ती,
सीटी बजाती
दौड़ लगाती,
जंगल में मंगल करती
धीरे-धीरे पहाड़ चढ़ती,
देशी-विदेशी सैलानियों के साथ
शिमला आती
अंग्रेजों की भेंट
प्यारी-सी खिलौना रेल।

शिमला घूमने आया
हर सैलानी
अचंभित-सा हो जाता
जंगल, पहाड़ और टनलों के रास्ते
बर्फ़ पर
भरोसे के साथ भागती
खिलौना रेल देख।

शिमला का रेलवे स्टेशन
साल के अंतिम दिनों में
बड़ा अद्भुत दिखाई देता
जहां रेल के पहुंचने पर
भारी बर्फ़बारी के बीच
शोर मचाते
चहल-कदमी करते कुली
सैलानियों को सैल्यूट करते,
टूटी-फूटी रटी-रटाई हिंगलिश बोल
हर सैलानी को दिलासा देते
किसी सुरक्षित होटल में ठहराने का
खुशी-खुशी हैपी न्यू ईयर मनाने का।

शिमला घूमने आए सैलानियों के
रेल से बाहर कदम रखते ही
शिमला रेलवे स्टेशन के कर्मठ कुली
उन्हें अपने भोलेपन से रिझाते,
उनका सारा सामान उठाते,
उनका हाथ पकड़ उन्हें बर्फ़ की फिसलन से बचाते
और अपने साथ ले जाते
शिमला के किसी जाने-पहचाने
शानदार होटल में ठहराने।

शिमला में स्वागत

ऐ दोस्त -
चले आओ बहारों का मज़ा लूटने
शिमला तुम्हारा स्वागत करेगा
दिल खोलकर।

यह रोशनी से जगमग

प्यार से लबालब

खुशबू से महकता

सैलानियों से चहकता

दूज के चाँद नुमा

सुरम्य सुंदर शहर

तुम्हें बाहें फैलाए

बुला रहा

अपनाने को

अपना बनाने को,

मनचाही खुशियां मनाने

और जीवन भर के लिए

सुनहरे सपने सजाने को।

सभ्य शहर

ज़वानी की मस्ती में
कहीं ये न भूल जाना
कि शिमला में तहज़ीब बसती है।

यहां किसी को छेड़ना मत
छूना भी मत
और छलना भी मत
चूंकि ये भोले-भाले पहाड़ी लोगों का
सभ्य शहर है,
असभ्य, अश्लील और अवांछित सोच के लिए
यहां कोई जगह नहीं
किसी के भी दिल में।

इस शालीन शहर का
सहज सौम्य स्वभाव
बदतमीज, बदचलन और बदमाश लोगों को
बिल्कुल बरदाश्त नहीं करता,
उन्हें जहां सच्चा सुकून नहीं मिलता
वहीं उनके पापों का पेड़ भी झट फलता

क्योंकि यहां महावीर बजरंगबली
हर समय देख रहे सबको
जाखू के शिखर पर
खड़े होकर,
सीधे-साधे पहाड़ी लोगों के
परम संरक्षक बनकर।

यादें

शिमला की यादें
भूलती नहीं ताउम्र
यहां घूमने आए
और चंद दिन बिताए
नव-विवाहित जोड़ों को।

चढ़ाई भरे रास्ते रुक-रुक कर
हंसते-खेलते झुक-झुककर
धीरे-धीरे चढ़ते जाना,
हरी-भरी वादियों में सैर का आनंद मनाना
और पहाड़ों की ऊँची चोटियां देख भाव-विभोर हो जाना।

बार-बार मॉल रोड का चक्कर लगाना,
रिज की रंगीनियों में दिल बहलाना,
ठंडक में भी आइसक्रीम का लुत्फ़ उठाना,
घोड़े पर सवार हो फोटो खिंचवाना
और शिमला के मशहूर रेस्तरां में खाना खाना।

शिमला की हसीं वादियों को निहारते जाना,
इस सुंदर शहर में आने पर गर्व मनाना,

फिर बार-बार आने का मन बनाना,
होटल के कमरे में जीवन के सुनहरे सपने सजाना
और जीवन साथी के साथ दिन-रात बातें करते जाना।

इन मीठी यादों को दिल में सँजोकर रख लेना यार
शायद जवानी की मौज़-मस्ती का यह त्योहार,
शिमला की यह दिलकश मनोहर बहार
और यहां बिताए गर्मजोशी भरे पलों का उपहार
जिंदगी में दोबारा मिले न मिले।

पहाड़ों की रानी

पहाड़ों की रानी कहलाने वाली
अपनी खूबसूरती से सबका मन हर जाने वाली
शालीन नगरी है शिमला
जो किसी स्वर्ग से कम नहीं सैलानियों के लिए,
आम आदमी के लिए भी।

यहां कोई भी कहीं भी घूमने का
आनंद उठा सकता है,
तरोताजा हो मन बहला सकता है,
मौज-मस्ती वाली धुन गुनगुना सकता है
और प्रकृति की गोद में सच्चा सुकून पा सकता है।

प्रकृति का अप्रतिम प्यार
और यह सब बहुमूल्य प्राकृतिक उपहार
हर इंसान को बड़ी आसानी से मिल जाते
और सबके दिल झट से खिल जाते
स्वर्ग-सी नगरी शिमला में।

सुरक्षा चक्र

शिमला के सैलानी
प्राकृतिक सौंदर्य के साथ-साथ
शांति की भी ख्वाहिश रखते
जो यहां हर पल बरसती रहती
जाखू के शिखर पर खड़े
बजरंगबली की कृपा से।

यहां के सौंदर्य में
शांति का वास है,
यहां जिधर देखो
खुला आकाश है,
जहां चाहे घूम लो
खुशी का अहसास है।

यहां सभी देवता
देवदार और पहाड़ी पेड़ बन
बिखेरते रहते
शुद्ध हवा
वातावरण में
सब ओर।

इधर काली, कामना और तारा माँ
उधर भगवान् संकट मोचन
घेरे रहते शिमला को अपने सुरक्षा चक्र में
जिसमें कुचक्र रचने वाला शैतान
कभी सेंध नहीं लगा पाता
लाख ज़ोर लगाने पर भी हार जाता।

मित्र,
यह शिव की साधना स्थली
महासु के आँचल में बसा शहर है
जहां महेश
हर जगह विराजमान हैं
घर-घर के देवता
महासु या महाशिव बनकर।

जीवन की कसौटी

शिमला या तो हिम्मत वालों का है
या पैसे वालों का,
निर्धन, निर्बल और निकम्मे इंसानों को
शिमला नहीं मानता,
वो कितनी भी कोशिश कर लें
उन्हें बिल्कुल नहीं पहचानता।

यहां अचानक
कभी भी दस्तक देने वाली
ठिठुरन भरी ठंडी बारिश
मई मास में भी हाड़ कंपा देती
और पल भर में ही बड़ों-बड़ों की इज़्ज़त
मिट्टी में मिला देती।

यहां सर्द रात में बर्फ़ीली ठंड
चुड़ैल-सा चेहरा बनाकर
अपने शिकार का पूरा बदन हिलाकर
पूछती - 'कहां आ गए? अरे, मैं मौत हूं,
मुझसे बचने कि लिए कहीं छुप सकते हो तो छुप जाओ,
वरन् पछताओ, तड़पो और जान गंवाओ।'

शिमला में हर ओर उतार-चढ़ाव
और लगातार होता मौसमी बदलाव
जीवन की कसौटी है
जिस पर खरे उतरना पड़ता है
सामने जैसा भी संकट हो
उससे लड़कर आगे बढ़ना पड़ता है।

शिमला की चढ़ाई
सचमुच में
जीवन की लड़ाई है
जिसे हर कोई नहीं लड़ सकता
यहां के पेड़ हो या पहाड़
इन्हें हर कोई आसानी से नहीं चढ़ सकता।

बड़े-बड़े बहादुरों ने बीसों वर्ष यहां बिताने पर भी
शिमला पूरा नहीं घूमा होता,
कैथू की उतराई या ढिंगू मंदिर की चढ़ाई की बात छोड़ो
कइयों ने तो जाखू जाकर एक बार भी
भगवान् बजरंगबली के चरणों को
नहीं चूमा होता।

चैडविक फॉल हो या ग्लैन
कामना हिल की शांति हो या पॉटर हिल का चैन
हर कोई वहां नहीं जाता

और इन सुरम्य स्थलों का दर्शन नहीं कर पाता
बहुतों के लिए तो इन सुंदर स्थलों का
नाम सुनना भर ही काफी हो जाता।

शिमला का कठोर सर्द मौसम
हर व्यक्ति के भीतर
प्राकृतिक शक्तियों का भय जगा देता
उसे भगवान् का भक्त बना देता
और उसे परमात्मा के होने का
अहसास करा देता।

दिव्य भाव

शिमला का स्वर्गिक सुख
भुला देता
जीवन की भागम-भाग,
बुझा देता
चिंता रूपी चिता की आग।

यहां आया मनुष्य
प्रकृति के पवित्र स्वरूप का
सीधा साक्षात्कार करता,
अपने तन-मन में
रोमांच का रंग भरता।

शिमला के स्वच्छ वातावरण में
मनुष्य के भीतर दिव्य भाव जगता,
प्रकृत विचारों का पोषण होने लगता,
तन से जड़ता का भाव टलता
और मन में श्रम का भाव फलता।

यहां का सुंदर सुरम्य प्राकृतिक परिवेश
शरीर में स्फूर्ति लाता,

मनुष्य प्रकृति के साथ घुल-मिल कर रहता
और यहां की बर्फ़ीली ठंड तक को
बड़े चाव से सहता।

यहां की श्रेष्ठता को समझने वाला व्यक्ति
श्रम को अपनाता
सदैव श्रम की चाह करता
श्रम करते-करते जीता
और श्रम करते-करते मरता।

शिमला को चाहने वाला व्यक्ति
सीधे-साधे पहाड़ियों की जीवनचर्या से सीख ले
सभी को यही संदेश देता
कि हिम्मत के साथ जीवन की लड़ाई लड़ते जाओ
और सदाचार के साथ जीवन पथ पर आगे बढ़ते जाओ।

महेश की लीलाभूमि

बदलते मौसम का शहर शिमला
कभी-कभी भ्रमित-सा कर देता
शिमलवियों को
और
उन पर्यटकों को भी
जो ढेरों आशाएं लेकर आते शिमला में -
घूमने की,
बर्फ़ से खेलने की,
पहाड़ों के नज़ारों
और शिमला की बहारों का
आनंद लेने की।

थोड़े से व्यापार, नौकरी और कारोबार पर आश्रित
इस शहर का जन-जीवन
निराश-सा हो जाता
बदलते निष्ठुर मौसम के कारण,
और जब मौसम खुशगवार होता
तो शिमला भी खूब खिलता
खिले-खिले मौसम के साथ।

ढलती उम्र के कगार पर पहुंचे कुछ देवदार
अपनी ही तरह ठंडा कर देते शिमला को
जिनका साथ देते सुढर सख्त पहाड़ी पेड़
जो यहां की मिट्टी और जल को ज़ोर से जकड़े रहते
अपनी मज़बूत जड़ों से।

महाशिव महेश की लीलाभूमि
महासु के आँचल में बसा
यह पहाड़ी शहर
आज के ज़माने में
शिव भक्तों को कम ही आकर्षित करता
अपनी ओर
क्योंकि आजकल यहां
भोगियों का भजन चलता है
रात भर धमक-धमक डीजे बजता है
आधुनिकता का चमकीला प्रकाश होता है
मसखरों का भड़कीला नाच होता है,
इन सबने अपना खूब दबदबा बना रखा है
इस सभ्य शहर पर
आजकल।

बदलाव

इन दिनों शिमला शहर में बदलाव आया है
मोटर-गाड़ियों का सैलाब आया है
गर्म हवाएं देखने को मिल रही हैं
धुआँसे गुबार का हिजाब आया है,
अब फुसफुसाते हुए शिमला भी कहने लगा है
कि ज़माना सही में खराब आया है।

यहां रोज-रोज बढ़ते वाहनों का संगीत है
व्यसनों से उपजी उलफ़त का गीत है
पश्चिमी संस्कृति का दुष्प्रभाव है
अर्धनग्न होकर चलने का चाव है
बाजारवाद की लगातार बढ़ती चेन है
जो भौतिकवादी मानसिकता की दुविधाभरी देन है।

अब शिमला में बर्फ़ नहीं
बहार देखने आओ,
सादगी नहीं
सिंगार देखने आओ,
सैरगाहों की सैर और प्रकृति का प्यार भूल
पश्चिमी संस्कृति से सजा संसार देखने आओ।

अब शिमला में शुद्ध हवा नहीं
आइसक्रीम खाने आओ
जो अब यहां भी झट से पिघल जाती है गर्मी से
क्योंकि अब यहां बहुत गर्मी है
रोज-रोज बढ़ते भोगों की
और भोगवादी विचारधारा की।

आशिक़ मिज़ाजी

यहां की बरसात का भरोसा
कभी मत करना
क्योंकि यह शिमला है,
यहां संभल कर रहना
और स्वेटर या शॉल का भार
हमेशा सहना
क्योंकि यही यहां का सर्वोत्तम गहना है।

यहां के बादल
रानी को रिझाने
न जाने कब मस्ती में आ जाएं
बिना बताए
अपने आने का भेद छुपाए
अचानक
किसी आशिक़ मिज़ाज महबूब की तरह।

यहां बरसात भी
मतवाली बन जाती है,
मॉल रोड की मस्ती में मशगूल किसी महबूबा की तरह

हठ वाली बन जाती है,
मजाक-ही-मजाक में बड़े ज़ोर से बरसने लगती है
यकायक
कहीं भी
कभी भी।

शिमला की बरसात

शिमला की बरसात से
बचकर रहना यार
यह सुनने-सुनाने में ही अच्छी लगती है
पर असल में अपने नाज-नखरों से
सबको ठगती है,
इसकी हलचल पर पूरी तवज्जोह देना
और इसे कभी हल्के में मत लेना,
यह लापरवाह इंसान पर वार करती है,
हड्डियां कंपाने वाला प्रहार करती है,
चीखें निकाल देने वाली सजा देती है
और मन में सदा के लिए
एक अजीब-सा डर भर देती है।

यह चुपके-चुपके
कभी भी
किसी भी दिशा से
अचानक आती है,
बेमौसमी बौछार बन कर
अपनी बड़ी-बड़ी बूंदों के साथ

कभी-कभी
स्टीक लक्ष्य साधते हुए
बड़े तीव्र वेग से
हिमगुलिकाएं भी बरसाती है
और अपने शिकार को
बुरी तरह रुलाती है।

अचानक हुए हमले में
इसके शिकार के पास
भागने का समय नहीं होता
और वह झट से
किसी पहाड़ी पेड़ की शरण लेने में
समय नहीं खोता;
शिमला की बरसात
बड़ी भयानक,
बेरहम,
बदअमन,
बदतमीज़-सी
और ना-क़ाबिल-ए-बरदाश्त है।

अज़ीब-सी हलचल

शिमला में
बरसात का दिन
कभी-कभी उल्लास की जगह
हताशा भरा होता,
दिल में
एक अज़ीब-सी हलचल होने लगती
हर किसी में
बढ़ती बरसात के साथ।

शिमला की बदनाम बरसात
अपनी मोटी-मोटी बूंदों से
छोटे-छोटे छातों को डराती
उन पर बरस-बरस कर अपना खूब रौब जमाती।

कभी-कभी बेरहम बरसात
रहम दिल हो जाती
केवल शिमला को धोने के लिए आती
तेज बौछार बनकर
या

इंद्र देवता का उपहार बनकर,
शिमला को सजाती
हर ओर ताजगी फैलाती
गंदगी हटाती
जो इंसान ने फैलाई है
असीमित लोभ दिखाकर
इस सुंदर स्वर्ग जैसे शहर में
अपने असीम लालच का प्रदूषण फैलाकर,
यहां हर जगह
भवनों का जंगल उगाकर
और रात-दिन हर ओर
गाड़ियां दौड़ा-दौड़ाकर।

शिमला के बंदर-लंगूर
बरसात में नहीं भागते
इंसान की तरह,
भूखे पेट बैठे रहते पेड़ों पर
चुपचाप,
कभी-कभी घंटों झेलते रहते
प्रकृति द्वारा उत्पन्न उत्ताप
शिमला की बरसात।

शिमला के देवदार भी
सब्र के साथ सहते बरसात को

जो कभी-कभी कहर बरपाती
देवदारों को गिराकर,
किसी बहुमंजिले भवन को ढहाकर,
चार-छ: जिंदगियों को अपना ग्रास बनाकर।

शिमला की तेज बरसात
केवल उनको सुहाती
जो पैसे की रजाई ओढ़े
किसी होटल के शयन कक्ष से
चुपचाप देखते
छप-छप गिरते
बरसात के पानी को
भवनों की छतों से।

शिमला के साथी

खराब मौसम में शिमला की सैर पर निकलो
तो खूब सोच-विचार लो,
बेहतर है कि घूमने का मन मार लो
और घर से ही घने बादलों की घटा निहार लो।

शिमला में बरसात का मौसम
हर किसी की घोर परीक्षा लेता
और भूल कर भी गलती करने वाले को
हाड़ कंपा देने वाली सज़ा देता।

खराब मौसम में भी शिमला की सैर का मन हो
तो कुछ बातों का हमेशा ख्याल रखो
स्वेटर या गर्म कोट पहन कर बाहर निकलो
हाथ में छाता और कंधे पर गर्म शॉल रखो।

स्वेटर, छाते और जीवन साथी पर यहां
हमेशा एक-सा हाथ रखो
और इन्हें हमेशा साथ रखो,
इनके बिना जीना आसान नहीं शिमला में।

पहाड़ी व्यक्ति

कई लुटेरे भी घूमते रहते हैं शिमला में
पर्यटकों और पहाड़ी लोगों को
बुद्धु बनाने के लिए,
उन्हें ठगने और भरमाने के लिए,
उन्हें ललचाने और फुसलाने के लिए,
उनसे धन ऐंठने और उन्हें झूठे सपने दिखाने के लिए।

इन्हें पहचानना और इनसे दूर रहना,
इनसे कुछ पूछना मत
किसी जगह का पता तक भी नहीं
क्योंकि ये तुम्हें झट से भांप लेंगे
और सही रास्ता बताए बिना
अपने जाल में फांस लेंगे।

तुम्हें कुछ पूछना हो तो
किसी सीधे-साधे पहाड़ी व्यक्ति से पूछ लेना
तुम्हें तुम्हारे ठिकाने तक पहुंचा कर छोड़ेगा
बेचारा
आदतन।

शिमला में हूटर

शिमला की सड़कों पर सफर करते
वी०आई०पी० का भीड़ के बीच गाड़ी दौड़ाना,
डरावने अंदाज में हूटर बजाना
शिमलवियों को ऐसा लगता
जैसे कोई शैतान आ गया हो
शिमला की शांति चुराने।

हूटर की ऊँची आवाज
जनमानस में तहलका मचा देती,
आराम से सोए शिशु को जगा देती,
वृद्ध की मुश्किल से आई नींद को भगा देती,
घरों में चैन से बैठे लोगों को बेवजह डरा देती
और सत्ता के डरावने भूत का बोध करा देती।

हूटर की आवाज को फायर ब्रिगेड की हलचल मान
शिमलवियों को कुछ क्षणों के लिए ऐसा लगता
जैसे शिमला का कोई जाना-पहचाना
ऐतिहासिक भवन जल रहा हो
जिसके साथ शिमला के आसमान पर चमका
एक और सूरज ढल रहा हो।

शिमला की सड़कों पर हूटर बजाना,
भोले-भाले पहाड़ियों को बेवजह डराना,
आमजन को सत्ता की शक्ति का अहसास कराना
और अपने बड़े होने का रौब जमाना,
जचता है क्या
किसी भलेमानस को?

जमता बर्फ़

शिमला में सर्दियों में
सड़कों पर जमता बर्फ़
उस शासन व्यवस्था की तरह होता
जो खोखली होती हुई भी
कठोर व्यवहार करती,
जन कल्याण की बात न सोच
उल्टे सबमें भय भरती।

ऐसी व्यवस्था में
अपना अस्तित्व जताने के लिए
या मानवी रूप दिखाने के लिए
व्यक्ति खड़ा होने तक से डरता
क्योंकि ऐसी अवस्था में
स्वयं गिर जाने या गिराने वालों से
लगातार भय लगता।

आडंबर रचती रहती यह व्यवस्था
या व्यवस्था जैसी बर्फ़
जो मौका मिलते ही

एक पल में
ख़तरनाक रूप धारण कर लेती,
हड्डियां चूर-चूर कर देती,
प्राण तक हर लेती।

शुद्ध चांदी-सी चमचमाती है यह व्यवस्था
केवल झूठे दिखावे के लिए,
पर स्वयं कठोर होने पर भी
मिट जाने के भय से भयभीत रहती
डरती रहती जल से या जल भरे मेघ से
उसी तरह जैसे कोई नकली नेता
डरता रहता मतदाता के भीतर उमड़े क्रोध के वेग से।

फिर सत्य रूपी सूर्य के निकलने पर,
रात्रि के अँधकार में अपनाई कठोरता के पिघलने पर
या आंदोलनकारियों की तरह उमड़ते बादलों के भय से
ऐसी बनावटी व्यवस्था
झट से गल-ढल जाती
और अपना अस्तित्व खो
मिट्टी में मिल जाती।

छल के सहारे जमी होती है ऐसी दुराग्रही व्यवस्था
जो सत्यवादियों से जंग करने के लिए
या सत्याग्रहियों को तंग करने के लिए

चमकीली बन चमकती मात्र दिखावे के लिए
बिल्कुल वैसे ही
जैसे हनुमान द्वारा जलाए जाने से पूर्व
अहंकारी रावण की सोने की लंका।

भलाई

शिमला की दिव्य भूमि पर खड़ा देवदार
अपनी भुजाएं फैलाए
शांति का संदेश दे रहा,
सारे वातावरण में शुद्ध वायु बहाकर
सदैव परहित में रत रहने का
उपदेश दे रहा।

सबकी सेवा में रत देवदार
ऊँचाई पर खड़ा हो
सारे जगत को हेर रहा,
वैरभाव के प्रदूषण से दूर
सीधा व सरल बन
हरियाली बिखेर रहा।

पहाड़ों पर रहने वाला देवदार
अपने जीते जी
सबकी भलाई कर रहा,
फिर मरने पर भी
सबका जीवन खुशहाल करने का संकल्प ले
आनंद से भर रहा।

उसका हर अंग-प्रत्यंग
और हर श्वास-प्रश्वास
सदा दूसरों के काम आता,
परोपकारी बनकर
अपना सर्वस्व दान करता
और सबके जीवन में खुशियाँ भरता।

देवदार

जाखू पहाड़ की ऊँचाई पर
कमर सीधी किए खड़ा
एक देवदार
दूसरे देवदार से बोल पड़ा -
'हम बड़े हैं
हरे-भरे हैं
सबसे लंबे हैं
और ऊँचाई पर खड़े हैं
हमारे चरणों में
सारा जहान है
और यह हमारी
महानता का प्रमाण है।'

दूसरा बोला -
'अरे, यह सही बात नहीं है
और कद में लंबे होना
कोई बड़ी सौगात नहीं है,
यह सच है कि हम ऊँचाई पर खड़े हैं
और लंबाई में बड़े हैं

पर हमें यह सब भूलना होगा -
यह देवभूमि है भाई
यहां केवल तपस्या के झूले में झूलना होगा,
वैसे भी देवदार होने के कारण
हम मान-अभिमान से परे हैं
तभी सदियों से
माथा ऊँचा किए खड़े हैं,
बड़े कहाना पद प्रतिष्ठा है
जो विद्वानों की नज़र में
मात्र सूकरी विष्ठा है,
हमारा कर्तव्य तो केवल
अपने धर्म के प्रति निष्ठा है
जो हम निभा रहे हैं
और तभी सदियों से
सबको भा रहे हैं,
जो भी लोग
शांति की चाह में
हमारे पास आते
हम उन सबको बिना भेदभाव के
शीतल समीर व शुद्ध श्वास की सौगात देते
बदले में कुछ नहीं लेते,
तभी तो लोग हमें
देवदार कहते,
सबको शुद्ध वायु और शीतलता देते जाना

हमारा कर्म है
और इसको बिना पक्षपात के निभाना
हमारा धर्म है
जिसे हम सदियों से निभा रहे हैं
और इस देवभूमि को
अपनी हरियाली व शीतल समीर से महका रहे हैं,
यही कारण है कि हम बिन मांगे
भरपूर दुआएं पा रहे हैं
और स्वाभिमान के साथ
जिए जा रहे हैं।'

देवदारों का प्यार

शिमला को सुंदर बनाते
अपनी हरीतिमा से सजाते
हरे-भरे देवदार
हरी चादर की तरह छाए रहते
सारे शिमला में
सदाबहार बन
लगातार।

देवदारों की सदा बहने वाली शुद्ध-शीतल वायु
स्वच्छ रखती शिमला को
और स्वस्थ रखती
शिमलावासियों को
देवदारों का प्यार बनकर
प्रकृति का उपहार बनकर
जीवन का आधार बनकर।

बंदर-लंगूरों और कई वन्य प्राणियों को आश्रय देते
लंबी भुजाएं फैलाए खड़े देवदार
सर्दियों में अपनी हरी चादर पर

कुछ समय के लिए
अचानक बर्फ़ की सफेद चादर ओढ़ लेते
और सबको बिस्मित-सा कर देते
अपनी स्वाभाविक प्रवृत्ति से प्रकृति का साथ देकर।

संपूर्ण जीव जगत की सेवा में
अपना तन-मन-धन अर्पित कर
सदा सबका हित करते रहते
पहाड़ियों की ही तरह कर्तव्य बोध से भरे
अपने स्थान पर सीधे खड़े
सरल स्वभाव के
सुंदर सुरम्य देवदार।

सिपाही और देवदार

शिमला में मॉल रोड पर खड़े सजे-धजे साफेदार सिपाही
और यहां-वहां सब जगह अड़े पड़े लंबे-लंबे देवदार
भोले-भाले लगते,
सीधे खड़े रहते
न किसी को डराते
न किसी से डरते।

शिमला में मॉल रोड पर तैनात सिपाही
सदा शांत बने रहते,
गर्मी तो इनके स्वभाव में है ही नहीं
बस सबको प्यार से अपना बना लेते
और शिष्टाचार से भरे सभ्य पर्यटकों के स्वागत में
अपना सिर पूरी तरह झुका देते।

देवदार देवताओं के मंदिर और भवन बनाने में मदद करते
हर तरह से पहाड़ी लोगों के काम आते
दूसरों के लिए जीते और दूसरों के लिए मरते,
सबको आश्रय देते अपनी छत्र-छाया में
इस तरह अपना अचल स्थान बनाए रखते
प्रकृति एवं परमात्मा द्वारा सृष्ट संसार माया में।

मॉल रोड पर तैनात सिपाहियों की सहज सतर्कता
और शिमला के देवदारों की सुंदर प्राकृतिक सजावट
सैलानियों के दिल को भरपूर सुरक्षा और सुकून देती,
इनके मन में बिल्कुल भी वैर नहीं
पर इनके विधान से बाहर जाने वालों की
कतई खैर नहीं।

कारीगरी

शिमला का ऐतिहासिक राष्ट्रपति निवास
निश्चय ही
भारतीय कारीगरी का कमाल है,
भले ही सोच किसी और की हो
पर यह भवन
कारीगरों की हैरान कर देने वाली करामात
और राजसी शान-शौकत से
मालोमाल है।

यह भव्य भवन
जब बना होगा
तो देश का सीना
अवश्य तना होगा
इसकी दिव्य वास्तुकला का कमाल देखकर
और अपने मेहनतकश कारीगरों के
परिश्रम से निकले पसीने से चमकता
भाल देख कर।

अपने सौंदर्य और माधुर्य में यह
शिमला का एक बेहतरीन स्थान है,

यहां के भवन, लॉन, बगीचे और मैदान
इसकी भव्यता की पहचान हैं,
भवन के भीतर के राजसी ठाटबाट
इसकी ब्रिटिश पृष्ठभूमि के निशान हैं,
शिमला आए हर पर्यटक का इसे देखने आना
इसके दिव्य आकर्षण का प्रमाण है।

स्वतंत्रता संघर्ष के दौरान इसने अपने यहां
कई ऐतिहासिक सम्मेलन और बेहतरीन पल देखे
तत्कालीन शासकों द्वारा चार दीवारी के भीतर रचे
कूटनीतिक और राजनीतिक छल देखे
फिर गांधी के विचारों और देशभक्तों के नारों से निकले
अंग्रेजी शासकों के टेढ़े बल देखे
और सच्चाई व ईमानदारी से सुलझाए गए
देश की आजादी के कठिन सवालों के हल देखे।

आज भी यह सुंदर स्थान
अपनी अलग-सी वास्तुकला का इज़हार कर रहा,
उच्च अध्ययन का केंद्र बन
समाज में ज्ञान का प्रसार कर रहा,
मानवीय मूल्यों को आधार मान
सत्य का शोध एवं साक्षात्कार कर रहा,
और सुधीजनों के सम्मेलन आयोजित कर
समाज की समस्याओं पर विचार कर रहा।

चाहने पर मनुष्य क्या कुछ नहीं कर सकता
और मेहनतकश इंसान की मेहनत से
कौन-सा पत्थर सुंदर आकृति में नहीं ढल सकता,
शिमला का ऐतिहासिक राष्ट्रपति भवन
इस बात की मिसाल है
जो उस ज़माने के लोगों की बेहतरीन तरक़ीब
और भवन निर्माण कला का
कमाल है।

पॉटर हिल

पौ फटते ही पॉटर हिल में
पहाड़ी पक्षियों का कलरव
और मंद-मंद बहती शीतल पवन
इस सघन वन-विहार को
स्वर्ग-कानन बना देते
और इस सुरम्य स्थल की सुंदरता में
चार चाँद लगा देते।

पॉटर हिल वन-विहार
शिमला शहर का
वह सुरक्षित भूभाग है
जहां आज भी
घने देवदारों
और असंख्य जंगली मुर्गे-मुर्गियों का
सुंदर संसार आबाद है।

यहां के फूलों की सुंदरता
और इनकी मदमाती खुशबू
इस स्थल को मनमोहक बनाते,

बसंत के मौसम में
बुरांश के सुंदर सुर्ख फूल
अपनी मुसकान बिखेरते हुए
यहां आए पर्यटकों से बतियाते।

यहां असंख्य देवदारों का एक साथ खड़े रहना
अपनी हरियाली की धमक दिखाते हुए अड़े रहना
पर्यटकों पर अपनी अलग-सी छाप छोड़ना
संसार के शोरगुल से टूटा हुआ मन फिर से जोड़ना
इस स्थल का सबसे बड़ा उपहार है
जिसे यहां आने पर सब कोई आसानी से पाते हैं
तभी तो यहां पैर धरते ही सबके दिल खिल जाते हैं।

पॉटर हिल शिमला का
सबसे मनभावन स्थल हो सकता है
और पर्यटकों के लिए यहां रुकना
एक यादगार पल हो सकता है
अगर इस स्थल को सूझ-बूझ से सँवारा जाए
और उच्च कोटि का वन-विहार बनने की इसकी क्षमता को
मानवीय दृष्टिकोण से निखारा जाए।

बुढ़ापे में शिमला

बुढ़ापे में शिमला की सर्दी का
विशेष इंतजाम चाहिए,
खूब गर्म कपड़े,
जलता अलाव
और शरीर में जान चाहिए,
जीवन साथी से सच्चा प्यार चाहिए,
महज़ थोड़ा-सा काम और भरपूर आराम चाहिए।

स्वयं को स्वयं उत्साहित करना होगा,
उठते-बैठते मन में जोश भरना होगा,
अपने व्यवहार से अपना परिचय कराना होगा,
हर रोज कसरत करता किरदार निभाना होगा,
स्वयं को चहकता-महकता दिखाना होगा,
समाज में सबसे मेलजोल बढ़ाना होगा
और घूमने के लिए रोज-रोज मॉल रोड पर जाना होगा।

आरोग्यवर्धक फल और मेवे खाने होंगे,
हिम्मत देने के लिए दोस्त बनाने होंगे,
स्वयं बहलना होगा व दूसरे भी बहलाने होंगे,

अपनी छोटी-मोटी सेवा से सभी प्राणी हर्षाने होंगे,
जीवन को आशावादी बनाना होगा,
हंसते-खेलते समय बिताना होगा
और अपने बेहतरीन व्यवहार से जीवन सजाना होगा।

छोटे-मोटे कार्यों में
जीवन-संगी का संग निभाना होगा,
योगिक क्रियाओं को दिनचर्या का
अभिन्न अंग बनाना होगा,
प्राणायाम से फेफड़ों में खूब श्वास भरना होगा
और बाहर न घूम पाने की दशा में
घर पर ही व्यायाम करना होगा।

अपने भीतर भक्ति भाव जगाना होगा,
परमात्मा से खूब प्यार बढ़ाना होगा,
सुबह-शाम इष्ट देव का ध्यान लगाना होगा,
भजन-कीर्तन कर हर चिंता को भगाना होगा,
अगर फिर भी जीवन में कोई विशेष बाधा आए
या कोई भयंकर रोग सताए
तो भगवान् को ही अपना साथी बनाना होगा।

अदृश्य ख़तरा

सर्दियों के बर्फ़ीले मौसम में
शिमला शहर के अंदर
रात के अंधेरे में
अदृश्य ख़तरा बन
मौत विचरण करती है!
मैंने उसे देखा है!!

सावधान रहना
गर्म कपड़ों को ढाल बना
अपनी रक्षा करना
और ताक़तवर बनना
चूंकि ये मौत
असुरक्षित कमज़ोर व्यक्ति पर
वार करती है
ज़्यादातर ऐसे ही लोगों का
शिकार करती है।

अमीरों के घर की ओर यह बला
ताक़ती तक नहीं,

क्योंकि वहां
रात भर अलाव जलता है;
सही में यह अलाव से डरती है।

शराब पीकर बाहर कभी मत घूमना
क्योंकि यह
शौक से शराबी का शिकार करती है
नशे में गिरे व्यक्ति पर
बड़े ज़ोर से प्रहार करती है
और खूब मज़े से
उसके प्राण हरती है।

शिमलवी की सैर

शिमला के शिमलवी
सारा दिन सैर करते
घर से बाहर निकलते ही
ऊपर-नीचे डग भरते -
कदमताल करने लगते।

केवल सुबह-शाम ही नहीं
इन्हें दिन भर चलना पड़ता
और जब थक जाए
तो देवभूमि की दिव्य धरा पर बैठ
भरपूर आराम करना पड़ता।

तनिक-सा घर से बाहर का काम
इन्हें चलने पर मज़बूर करता
और इनकी रगों में
हमेशा चलते रहने के लिए
नया जोश भरता।

हाट-बाजार का काम
यहां झट से निपटाना

कदापि आसान नहीं
क्योंकि बाजार तक बार-बार आना-जाना
कोई बच्चों का काम नहीं।

भोले-भाले शिमलवी को
आनंद तब मिलता
जब मॉल रोड और रिज पर टलहते-टहलते
रोमांचित करने वाले दृश्य देख
उसका चेहरा खिलता।

जिंदगी के जलवे से भरपूर
शिमला के इन मशहूर स्थलों पर
हर रोज़ नया रोमांच दिखाई पड़ता
जिसे देख हर शिमलवी का दिल
सदैव यहां की सैर के लिए मचलता।

नटखट-सी पहचान

शिमला की नटखट-सी पहचान
नन्हें-मुन्ने पर्यटकों की जान
बदमाश बंदर
आज बीमार हैं
जिसका कारण
सरकार है।

मानवीय दृष्टिकोण के अभाव में
या शिमला को सुरक्षित बनाने के चाव में
बंदरों का बंध्याकरण हो रहा
और इससे धीरे-धीरे
शिमला को प्रकृति का दिया
वन्य-जीवन का अमूल्य उपहार खो रहा।

बंदरों को वंशहीन किया जा रहा
उनसे उनका नैसर्गिक जीवन वापिस लिया जा रहा
शायद यह सोचकर कि बंदर न होने पर
शिमला में पर्यटक ज्यादा आएंगे
इससे व्यापार बढ़ेगा व सरकारी ख़जाने भर जाएंगे
और शिमला के शहरी भी शहर में बेखौफ़ घूम पाएंगे।

पर क्या बंदरों के बिना
शिमलवियों को शिमला रास आएगा?
क्या जाखू के बंदरों से जुड़ी लोक-रंजक कहानियों को
इस तरह झुठलाया जाएगा
या क्या महावीर की सेना को वंशहीन कर
महावीर का निवास जाखू पर्यटकों को भाएगा?

यह विचार करना पड़ेगा कि
क्या प्रकृति के बच्चे बंदर-लंगूर
अब शिमला में जिंदा रह सकते हैं,
या क्या बंदर और इंसान
शिमला में एक-दूसरे को
सह सकते हैं?

नीति-निर्घारकों के लिए ध्यान देने की बात है
कि वन्य जीवन का फलना-फूलना
शिमला के लिए प्रकृति की एक बड़ी सौगात है,
शिमला सबका है और सबका रहना चाहिए
यहां पीढ़ियों से चले आ रहे चलन के अनुसार
मनुष्य को बंदर-लंगूरों का व्यवहार सहना चाहिए।

अनोखी छटा

शिमला की अनोखी छटा
उर में उमंग भर देती
मन में नए-नए भाव जगा
मन को हर लेती।

यहां की चित्ताकर्षक छवि
दिखते ही दिल में बस जाती,
चाहे जो भी मौसम हो
हमेशा हर दिल को भाती।

पेड़ों पर लटकी रंग-बिरंगी बेलें
और हर पल चल रही बंदर-लंगूरों की खेलें
शिमला की अलग-सी छवि बनाते
और सैलानियों के जहन में यहां की मधुर यादें बसाते।

गर्मियों में शिमला
शीतलता का अहसास देता,
अपनी शांत स्वच्छ छवि से
झट से मन मोह लेता।

सर्द शिमला सबको अहसास कराता
उनके शिमला में होने का
यहां प्रकृति के नज़ारे देखने
और सपनों की दुनिया में खोने का।

बर्फ़ के गिरते फाहों का दृश्य देखने को
सैलानी सदा लालायित रहते
और इस नज़ारे का मजा लेने के लिए
हर तरह के कष्ट सहते।

धवलता की चादर ओढ़े शिमला
झट से सैलानियों को मोह लेता
उन्हें वह उपहार देता
जिसका चाव उन्हें कई जन्मों से होता।

तेजी से गिरते बर्फ़ के फाहे
फिसलन पैदा करते पहाड़ी रास्तों पर
जिन पर बहुत संभल कर चलना पड़ता,
हर एक कदम सोच-समझकर धरना पड़ता।

बर्फ़बारी के बाद शिमला
अपनी अजीब-सी स्तब्धता से सबको डराता
कठिनाई भरे पलों के लिए तैयार करता
और भागने का भ्रम छोड़ धीरे चलना सिखाता।

शिमला का लगातार बदलता मौसमी माहौल
अहसास कराता मनुष्य को
कि खुशी और ग़म का दौर सदैव एक-सा नहीं रहता
और जीवन रूपी सरिता का जल सदैव एक-सा नहीं बहता।

उतराई-चढ़ाई

शिमला में आलस्य भी
लगातार जागता रहता
चूंकि यहां छोटे-मोटे काम के बहाने
हर व्यक्ति निरंतर भागता रहता।

यहां देवी-देवताओं के सभी स्थान
ऊँचाई पर हैं
और सारे घर-गांव भी
या तो तीखी उतराई या चढ़ाई पर हैं।

देवी-देवताओं के प्रति श्रद्धावनत रहना
और देव संस्कृति का दायित्व भार सहना
यहां के लोगों को भली-भांति आता है
तभी तो इनका सादगी व सच्चाई से गहरा नाता है।

यहां के लोगों का स्वास्थ्य
बिल्कुल अलग मिज़ाज का होता है,
शरीर दुबले-पतले होते हैं
पर हड्डियों का ढांचा फौलाद-सा होता है।

यहां की प्राकृतिक जीवन शैली
जीवन में स्फूर्ति लाती है,
शरीर लगातार काम करता रहता है
जिससे हर नस-नाड़ी मज़बूत हो जाती है।

शरीर से लगातार निकलता पसीना
सारे दैहिक दोषों को हर लेता है
इसलिए यहां सबकी आयु लंबी होती है
और हर कोई निरोग रहता है।

श्यामला का शिमला

देवी श्यामला का शिमला
आज सारी हदें पार कर रहा
हरे-भरे पहाड़ की अपनी छवि
तार-तार कर रहा।

आधुनिक बनने की होड़ में
तेज़ रफ़्तार से भाग रहा,
प्रकृति प्रदत्त सुख की नींद छोड़
केवल भोगों के लिए जाग रहा।

सब ओर असंख्य गाड़ियों की भागमभाग
और बार-बार जंगलों में लगती आग
शिमला को डरा रही,
इसके अव्यवस्थित फैलाव के प्रति चेता रही।

हर जगह फैलता भवनों का अंबार
हरे-भरे जंगल को बीमार बना रहा
और वनों की युगों से चली आ रही
लोकमंगल की भावना को नकार रहा।

लोअर व लक्कड़ बाजार में उमड़ते जनसमूह की होड़
बेहिसाब भीड़ बढ़ाता मॉल रोड,
और धँसते रिज को सहारा देते लोहे-कंक्रीट के जोड़
किसी चेतावनी से कम नहीं शिमला के लिए।

शिमला की पहचान बची-खुची धज्जीदार ईमारतें
लकड़ी की सुंदर रेलिंग और पत्थर के दाबदार डंगे
बीते ज़माने की याद दिला रहे
और आज के विकास के ऊपर प्रश्न चिन्ह लगा रहे।

स्मार्ट सिटी के नाम पर सब ओर बिछता कंक्रीट का जाल,
सड़कों के किनारे डंगों पर लटके दिखावटी गमलों का हाल
शिमला की हरियाली को शर्मसार कर रहा
और पैसे से उपजी इंसानी सोच का इज़हार कर रहा।

शिमला की देवी श्यामला को यह सब कहां रास आएगा,
उसे तो आज भी हर ओर जंगली पक्षियों का कलरव,
बंदर-लंगूरों व वन्य जीवों की उछल-कूद
और देवदार व बान वृक्षों से भरा शिमला ही भाएगा।

www.ingramcontent.com/pod-product-compliance
Lightning Source LLC
Chambersburg PA
CBHW031632170726
47990CB00017B/502